AF512197

ऐतिहासिक वैदिक व्याकरण

A Historical Vedic Grammar

मधुसूदन मिश्र

SHIPRA

शिप्रा

ISBN : 81-7541-309-3

प्रथम संस्करण : सन् 2006 ई.

© पब्लिशर्स

मूल्य : रु. 350

प्रकाशक

शिप्रा पब्लिकेशन्स

115–ए, विकास मार्ग, शकरपुर

दिल्ली–110092 (भारत)

फोन : 91–11–55277210, 22458662, 22200954

ई–मेल : info@shiprapublications.com

Website : www.shiprapublications.com

शब्द संयोजक

आर. एस. प्रिंट्स

नई दिल्ली – 110049

मुद्रक

चौधरी ऑफसैट

दिल्ली – 110051

A HISTORICAL VEDIC GRAMMAR

by *Madhusudan Mishra*

प्राक्कथन

भारत में वेद का पठन-पाठन नहीं होता। परम्परागत पाठशालाओं में तो यह उठ ही गया है, यद्यपि विश्वविद्यालय की उच्चतम परीक्षाओं में इसका कुछ स्थान है। पर भारतीय भाषाओं में वैदिक व्याकरण न होने के कारण वहाँ भी यह औपचारिक मात्र है। भारतीय विद्यार्थी वैदिक भाषा में रुचि नहीं रखते।

यदि हिन्दी में एक वैदिक व्याकरण लिखा जाये तो वेद का पढ़ना यहाँ भी शुरु हो जाये। सिद्धान्त कौमुदी की वैदिक प्रक्रिया को वैदिक [illegible] मानते हैं। पर वेद का व्याकरण लिखना पाणिनि का अभीष्ट नह[illegible] तो संस्कृत से उसकी भिन्नता मात्र दिखाना चाहते थे। लेकिन इस प्र[illegible] कोई वैदिक भाषा सीख जाये, यह तो कल्पनातीत है।

अंग्रेजी में लिखा हुआ मेकडोनेल का वैदिक व्याकरण अद्‌भुत था। पर वह भी केवल विद्वानों के लिए था। यह विचार कर उन्होंने छात्रोपयोगी वैदिक व्याकरण भी लिखा, जो सर्वत्र पढ़ा जाता है। हिन्दी में इस वैदिक व्याकरण का मुख्य आधार वही है। पर ग्रीक लैटिन के मोडेल पर लिखा वह वैदिक व्याकरण भारतीय छात्रों को कठिन मालूम पड़ता है। इसलिए हमने पूरी सामग्री को पाणिनि के ढंग पर ढालने का प्रयास किया है।

पाणिनि के छात्र भवतु भवेत् आदि रूपों को तो अच्छी तरह जानते हैं। पर जब उनके सामने बभूतु बभूयात् जैसे वैदिक रूप आते हैं तो वे घबरा जाते हैं। वेद में लट् आधार भव- से बने हुए भवतु आदि तो सहज ही समझ में आ जाता है, पर वहीं लिट् आधार बभू-या लुङ् आधार भू- से बने बभू-तु या भूतु को वे पहचान नहीं पाते। ऐसे रूपों का विश्लेषण हमने भू लिट्+लोट् या लुङ्+लोट् के रूप में प्रस्तुत किया है। अंग्रेजी वाले वैदिक व्याकरण के Perfect imperative या Aorist imperative से यह अधिक बोधगम्य होगा। उसी प्रकार Injunctive को आज्ञार्थक आगम-रहित लङ् या लुङ् कहना अधिक बोधगम्य है।

छात्रों तक पहुँचने के बाद इस में पुनः सुधार भी किया जा सकता है।

इससे अधिक कुछ कहना अभी ठीक नहीं। आशा है, इस के प्रकाशन के बाद वेदों का पढ़ना सुकर होगा।

दीपावली
1.11.2005

मधुसूदन मिश्र

विषय-सूची

प्रथम भाग

द्वितीय भाग

वैदिक व्याकरण

तृतीय भाग

प्रथम भाग

प्रागैतिहासिक संस्कृत

(प्राक्संस्कृत)

प्रथम अध्याय

पृथक्पदा प्राक्संस्कृत

आज से हजारों वर्ष पहले, जब बन्दरों की किलकिलाहट मनुष्य की बोली में बदल चुकी थी और हर अक्षर मनुष्य के मुख से अलग-अलग स्पष्टत: सुनाई पड़ने लगा था, तो बाद में आर्य कहे जाने वाले लोग सरस्वती नदी के दोनों किनारे अपनी सभ्यता का विकास करने लगे। इसे तो सरस्वती सभ्यता कहनी चाहिये थी, लेकिन सबसे पहले सिन्धुघाटी में ही इस सभ्यता का पता चला। इसलिये अब तक इसे सिन्धुघाटी सभ्यता कहते आ रहे हैं। लेकिन हम इसे सरस्वती सभ्यता ही कहेंगे। भारतीय मान्यता के अनुसार सारी विद्याओं का विकास सरस्वती से ही हुआ है। इसकी भाषा को प्राक्संस्कृत कह सकते हैं।

न जाने कितना समय और बीता। जब वह सभ्यता भौतिक विकास की चरम सीमा पर पहुँच चुकी थी तब उनका जीवन बहुत वैज्ञानिक और कला पूर्ण हो गया था। सामाजिक ढाँचा ऐसा था जिसमें अनेक विचार के लोग एक साथ रह रहे थे। जीवन समृद्ध और शान्तिपूर्ण था। नगरों और गाँवों की व्यवस्था अच्छी थी। बाढ़, दुर्गन्ध और आवाज से मकानों की रक्षा का प्रबन्ध था। फालतू पानी को बाहर निकालने की व्यवस्था थी। लोग अनुशासन प्रिय थे और नगर को साफ सुथरा रखने पर उनका ध्यान था। व्यापार की अच्छी व्यवस्था थी और सामानों को ढोने का इंतजाम था। अतिरिक्त अन्न को गाँव से शहर पहुँचाया जाता था। नाप और तौल बारीकी पर पहुँच चुका था। एक नर्तकी के चित्र से बहुत उन्नत ललित कला का अनुमान होता है। वैदिक ऋषि वामदेव और दीर्घतमस् तो बताते हैं कि विज्ञान में वे आज से भी आगे थे। विश्पला का टूटा हुआ पैर एक रात में ठीक हो गया था और भुज्यु अपने जहाजों के साथ तूफानों से लड़कर लौटा था।

प्राक्संस्कृत एक अक्षर वाली भाषा थी। इसके सभी शब्द एकाक्षर थे। बहुत बाद में विकसित वैदिक भाषा के अन्दाज पर कहा जा सकता है कि उस भाषा में एक दो कम या ज्यादा, 14 स्वर और 33-34 व्यंजन थे।

स्वर–अ आ, इ ई, उ ऊ, ए, ओ, अइ, आइ, अउ आउ

व्यंजन–क ख ग घ ङ। च छ ज झ ञ। ट ठ ड ढ ण। त थ द ध न। प फ ब भ म। य र ल व श ष स ह।

उस भाषा में संस्कृत वाला ॠ लृ स्वर नहीं था, क्योंकि यह तो बहुत बाद र से विकसित हुआ। इनके बदले वहाँ ह्रस्व और दीर्घ ए ओ स्वर थे जो ऋग्वेद तक आकर लुप्त हो गये। दूसरी ओर प्राक्संस्कृत के अइ, आइ अउ आउ ही सिकुड़कर क्रमशः ए ऐ ओ औ हो गये। ह दो प्रकार का था–घोष और अघोष। च छ ज झ विशेष द्रष्टव्य है। किसी जन समुदाय के बीच तो ये विशुद्ध स्पर्श की तरह बोले जाते थे और किसी के बीच स्पृष्टसंघर्षी की तरह। स्पर्शों की अदलाबदली क ख ग घ से होती थी, लेकिन स्पृष्टसंघर्षी की नहीं। च ज का स्पृष्टसंघर्षी उच्चारण त्श द्ज़ था। स्पृष्टसंघर्षी होने के कारण ही महाप्राण छ के पहले का स्वर गुरुं होता है और ऋग्वेद में गच्छति की जगह गछति लिखते हैं। महाप्राण छ और झ को स्पृष्टसंघर्षी रूप में लिखना और बोलना कठिन है, क्योंकि अल्प प्राण त्श और द्ज़ तो सुनायी पड़ता है, लेकिन महाप्राणता संघर्षी तत्त्व मे विलीन हो जाती है।

प्राक्संस्कृत में ह दो थे–घोष और अघोष। बाद में अघोष ह शायद स में विलीन हो गया, क्योंकि ऋग्वेद प्रातिशाख्य ह का अघोष उच्चारण अपराध मानता है। इसीलिये अवेस्ता का हप्त संस्कृत में सप्त है। दूसरी ओर, अवेस्ता में घोष ह ही लुप्त हो गया। इसीलिये संस्कृत का हिम अवेस्ता में ज़िम है।

लगभग 33 व्यंजनों और 14 स्वरों के योग से प्राक्संस्कृत में 462 अक्षर पैदा हुए होंगे, जो उनके तत्कालीन समाज के आवश्यक भावों के प्रतिनिधि थे। वही सज्ञायें थीं और वही क्रियायें। जैसे पुरातन समाज में घर का एक ही व्यक्ति सारा बोझ उठाता था उसी प्रकार एक ही अक्षर संज्ञा, सर्वनाम, विशेषण, क्रिया और अव्यय था। संस्कृत के एकाक्षर कोश के आधार उनके सीमित शब्द भण्डार का कुछ अन्दाज लगता है।

क – सूर्य, अग्नि, प्रकाश, वायु, मोर, शरीर, समय, धन, आवाज, राजा, सुख, जल, केश, माया, कछुआ।

कु – पृथ्वी, को–आकाश, स्वर्ग, प्रकाश।

ख – सूर्य, कर्म, ज्ञान, आकाश, शून्य।

ग - जाना गाना।

घ - ध्वनि। ङ-इच्छा।

च - प्रकाश, चन्द्र, ज्ञान। छ - टुकड़ा।

ज - तेज, आनन्द, विष।

झ - जल, आवाज।

ञ - बैल।

ट - छोटा, आवाज, पृथ्वी, पैर। ठ - गोला।

ड - आवाज, डर, आग। ढ - कुत्ता, ढोल।

ण - ज्ञान, प्रकाश, जन्तु।

त - पूँछ, स्तन, नितम्ब, कुक्षि, गर्भ, योद्धा, चोर, दुष्ट, रत्न, मोती, अमृत।

थ - डर।

द - पहाड़ दुःख।

ध - प्रकाश, गर्मी, धन। न - खाली, रस्सी, रत्न, मोती, युद्ध, दान, नाभी।

प - पत्ता, हवा। फ - बुलबुल्ला।

ब - सिन्धु, वरुण, जल, मकड़ा।

भ - प्रकाश, भौंरा। भू - पृथ्वी। भी - डर।

म - समय, विष, चन्द्र, मा - प्रकाश, ज्ञान, मृत्यु, सुख, जल।

य - जौ, प्रकाश, वायु।

र - अग्नि, गर्मी, प्रेम, इच्छा, गति, सोना।

ल - समय।

व - वायु, वाँह, जल, घर, कपड़ा, तीर।

श - चोट, अस्त्र।

ष - अच्छा, अन्त, शेष, सुख, स्वर्ग, नींद, गर्भ, चूचुक,सब।

स - साँप, हवा, पक्षी, ज्ञान, ध्यान, सड़क।

ह - शून्य, आकाश, स्वर्ग, खून, ज्ञान, चन्द्र, युद्ध, घोड़ा, सुख।

सभी अर्थ ठीक ही हों ऐसी बात नहीं। कुछ अर्थ काल्पनिक और बाद में गढ़े हुए हो सकते हैं। पर यह सत्य है कि प्राक्संस्कृत की पहली अवस्था में अक्षर ही शब्द होते थे और वे खास वस्तु या जानवर के नाम थे।

बाद में दो भावों को मिलाकर तीसरे भाव को जन्म देने के लिये संयुक्ताक्षरों का विकास हुआ। गणित के अनुसार तो 33 व्यंजन × 33 व्यंजन × 14 स्वर + 462 मूल अक्षर द्वारा उनका तत्कालीन शब्द भण्डार पन्द्रह हजार से ऊपर चला जाता है। पर आज सबका उल्लेख करना और अर्थ बताना संभव नहीं। संस्कृत के आधार पर कुछ नमूने दिखाये जा सकते हैं-प्त = जटा, प्र = आगे, श्री = शोभा, स्व = धन। द्र, व्र इत्यादि तो आज भी पत्थर के अंचार बने हुए हैं।

इसी समय वे अपनी बोली को लिखित रूप देने लगे। हर अक्षर किसी न किसी जानवर या वस्तु का वाचक था। बस, उन्हीं को चित्रित कर देने से भाषा का लिखित रूप आ गया।

ऐसा लगता है कि हर अक्षर के चित्र के रूप में पहले चार सौ से अधिक अक्षर चित्रित हुए होंगे। पर व्यंजनों के उच्चारण की प्रधानता के कारण 33 व्यंजनों के ही सर्वसम्मत रूप मान्य हुए होंगे। फिर एक जानवर या वस्तु को अनेक आकार में चित्रित कर उस व्यंजन के अनेक स्वरों को व्यक्त किया गया।

जानवरों के चित्र बदलते-बदलते रेखा चित्र बनने लगे। तब उन चित्रों को रखते हुए ही उन्होंने सभी अक्षरों को रेखाओं में व्यक्त किया।

जब भाषा के सभी अक्षर सुनिश्चित हो गये तो उन्हें गुण और उच्चारण स्थान के विचार से व्यवस्थित किया गया। इसके लिये एक अंकात्मक लिपि का विकास हुआ और उस व्यवस्था को हम माहेश्वर सूत्र कहते हैं।

प्राक्संस्कृत वर्णमाला दायें से बायें चलती थी, लेकिन संस्कृत के आचार्यों ने उन्हें बायें से दायें पढ़ा। उनके क्रम में थोड़ा परिवर्तन भी किया।

उस प्रारंभिक भाषा में, जिसे भाषाविज्ञान की भाषा में पृथक्पदा कहते हैं, व्याकरण तो नहीं था, पर विचारों को स्पष्टतः व्यक्त करने के लिये वाक्य के कुछ नियम थे:

1 सबसे छोटे वाक्य में कर्ता और क्रिया है-ण र = एक जानवर जा रहा है। ण ग = प्रकाश भाग रहा है।

2 इससे बड़े वाक्य में कर्म आ जाता है-ण म ष = ज्ञान सुख होता है।

3 अन्य कारक पहला ही स्थान ले लेते हैं-त न ष = गर्भ से रत्न निकलता है।

4 कर्म वाच्य में कर्म क्रिया से पहले आ जाता है-बु ष चि = जल से प्रकाश पैदा किया जाता है।

5 किसी खास उद्देश्य से इन नियमों में हेरफेर भी होता है-गा व = जाती है गोष्ठ में। बी ज = पानी में उपजता है। संस्कृत के आचार्य गो का वास्तविक अर्थ जानते थे- गच्छतीति गौः।

6 बहुवचन बताने के लिए शब्द को उतनी बार दुहराते हैं-ण ण ण ण = जीव सब।

इसमें न काल का भेद था न कर्ता के पुरुष और संख्या का - ष ठ = गोला लुढ़कता हुआ आया। ह = कहते हैं या कहते थे।

बस, इतना ही कहा जा सकता है। यह प्राक्संस्कृत का पहला चरण था।

द्वितीय अध्याय

युक्तपदा प्राक्संस्कृत

इन छोटे-छोटे लेखों में आगे चलकर भविष्य और आज्ञा का संकेत करना पड़ा। भविष्य के लिये क्रिया के आगे घ लगाया और आज्ञा के लिये ग।

द्र घ, र ग = अगलगी होगी। भागो। ऐसा मालूम पड़ता है कि कोई विपत्ति आयी। वे लोग तितर-बितर हो गये। एक समुदाय सुदूर दक्षिण चला गया, जिसे द्रविड या गरम सूरज का देश करते हैं। दूसरा समुदाय मध्य भारत के जंगलों में चला गया। इन दोनों समुदायों के लोग कठिन जीवन बिताते रहे और उनकी भाषा भी लंगड़ी हो गयी। तीसरे समुदाय में से कुछ लोग सात नदियों के देश में चले आये और कुछ सोमलता के देश में चले गये। यहाँ प्रकृति अनुकूल थी और उनके जीवन में सुख फिर लौट आया। भाषा भी जो युक्तपदा सीढ़ी पर आ ही चुकी थी, आगे बढ़ने लगी।

बाद वाली भाषा के संकेत से पता चलता है कि भूत के लिये इन्होंने क्रिया के पहले आ लगाया। बहुत पुराने एक दो रूप ये हैं-आह (भूत-कहना = कहा), आष (भूत-होना = हुआ, था) इत्यादि।

कहने का तात्पर्य यह कि अब प्राक्संस्कृत एकाक्षर और पृथक्पदा नहीं रही। धीरे-धीरे अनेकाक्षर शब्द बनने लगे। अज, गज, घोट आदि ऐसे ही शब्द हैं। कुछ पुराने वाक्य ही सटकर नये शब्द बन गये-

गाव (गोष्ठ में जाने वाला)

बीज (पानी में उगने वाला)

णर (चलनेवाला जानवर = मनुष्य)

णग (भागता हुआ प्रकाश)

तनष (गर्भ से उत्पन्न रत्न)

वणष (पानी से उगाया हुआ पौधा)

एकाक्षर क्रियायें भी आगे एक अक्षर जोड़ने लगीं-

ग (जाना) से गा, गम, गछ

ष (होना) से षच,षद, षस्ज

र (जाना) से रछ, रभ, रम

य (देना) से यछ, यज, यत, इत्यादि।

अन्त:स्थों के योग से बनी क्रियायें विशेष द्रष्टव्य हैं, क्योंकि इन्होंने बाद में अभूतपूर्व क्रियाओं को जन्म दिया। जैसे-

भ भव भर भय

ज जय जव जर

ण णय णव णर

श्लिष्टपदा प्राक्संस्कृत में इनका अन्तिम अ जब अलग कर लिया गया तब शेष भाग अव् अय् क्रमश: ओ ए के फैले हुए रूप माने गये। फिर ओ ए को नीचे उतार कर भु जि नी आदि धातुओं की कल्पना हुई।

र के जोड़ से बनी कर भर इत्यादि क्रियायें पहले तो क्र भ्र के रूप में सिकुड़ गयीं, फिर इनका ह्रस्व रूप हुआ और कृ भृ आदि क्रियाओं का जन्म हुआ।

श्लिष्टपदा सीढ़ी पर छ पर उदात्त होने के कारण रछ (जाना) ऋछ बना तथा प्रछ पृछ। बाद में छ विकरण माना जाने लगा।

बाद में अन्य स्वर वाले एकाक्षर धातु विशिष्ट अक्षरों के जोड़ से अनेकाक्षर बन गये-तु तुद तुज दि दिश दिह दु दुह भो भोक्ष भु भुज, इत्यादि।

भाषा की इसी सीढ़ी पर वर्णमाला का उपयोग कर आर्यों की कुछ मूल संख्याओं का जन्म हुआ। वर्णमाला में दायें से बायें चलकर, ह से ष होते हुए ट तक आठ वर्णों के समुदाय को हष्ट कहा, जो संस्कृत में तो अष्ट रहा, लेकिन फारसी में आज भी हश्त है। अन्यत्र भी ह लुप्त ही रहा। ह से प होते हुए त तक सात वर्णों के समुदाय को हप्त कहा जो अवेस्ता में तो हप्त रहा लेकिन संस्कृत में सप्त हुआ। ष (3) + ष (3) से षष बना, जो संस्कृत में षष् है। प से च तक पांच वर्णों के समुदाय को, अनुस्वार के साथ, पंच कहा। न से अनुनासिक सहित व तक नौ वर्णों के समुदाय को नव कहा। द से झ तक के दस वर्णों के समुदाय को दझ की जगह (द द् ज़् अ द्वारा) दश कहा। आगे, अ - इ (यह एक) मूल शब्द था जो सन्धि द्वारा और क जोड़कर 'एक' बना। कपाट, हाथ आदि दो अवयव वाची द्व के बाद ह जोड़कर द्वह से द्वा बना। त्रिलोक आदि शब्दों के कारण ही त्रि 'तीन' का वाचक हुआ। चत्व से बना चत्वर का 'चार' अर्थ चौराहे चौकोणे

आदि के संपर्क से हुआ। ये संख्यावाचक शब्द भारत से बाहर उत्पन्न नहीं हुए।

जब भाषा में अनेकाक्षर शब्द पैदा हुए तो अक्षर को दुहराकर बहुवचन बनाना बन्द हो गया। तब बहुवचन बनाने के लिये ष अक्षर जोड़ा जाने लगा–

गाव गावष, णर णरष

क्रिया से भी प्रारंभ में ष द्वारा ही बहुवचन बना, लेकिन एकवचन वाले अ को उ में बदल दिया गया–

आह आहुष

आष आषुष

कुछ समय बाद पुरुष बताना आवश्यक हुआ। उसके लिए 3. त, 2. स 1. म जुटा, लेकिन भूतकाल का आ ह्रस्व हो गया।

1. अ–गा–त अ–गछ–त
2. अ–गा–स अ–गछ–स
3. अ–गा–म अ–गछा–म

जब भूतकाल में पुरुष भेद आ गया तो अ को इ की ओर घुमाकर वर्तमान के रूप बने–

3. गाति भवति गच्छति
2. गासि भवसि गछसि
1. गामि भवामि गछामि

इ को उ की ओर घुमाकर प्रथम पुरुष में अज्ञार्थ रूप बना–

3. गातु भवतु गछतु

बहुवचन के लिये प्रथम पुरुष में–न्–घुसाया गया–

	भूत	**वर्तमान**	**आज्ञार्थ**
3.	अभवन्त	भवन्ति	भवन्तु

वर्तमान काल के मध्यम पुरुष में थ द्वारा बहुवचन रूप बनाया–

2. यासि भवसि याथ भवथ

उत्तम पुरुष में म के बाद सि जोड़ा

1. यामि यामसि

भवामि भवामसि

केवल एकाक्षर धाातु से आज्ञार्थ के रूप में मध्यम पुरुष एकवचन धि

से बना

2. भोधि गधि

लेकिन अनेकाक्षर भव के बाद कोई विभक्ति नहीं लगी। यही धि बाद में हि बन गया-

गहि याहि

भूतकाल को व्यक्त करने के लिये कुछ प्रत्यय भी थे-

(1)ठ से बना हुआ षठ सिकुड़कर ष्ठ बना जो ऋ. 7.103.7 में एक बार आया है। बाद में यह स्त बनकर हिन्दी में <u>था</u> बन गया। संस्कृत में यह त के रूप में विख्यात है।

(2)म से बना षम है, जिसका सिकुड़ा हुआ रूप स्म संस्कृत में वर्तमान को भूत में बदलता है।

(3)ह अपूर्ण भूत (गया है) के लिये तथा र पूर्णभूत (गया था) के लिये था, जिससे बना सह (साथ) तो निपात हो गया और चर भूतपूर्व अर्थ वाचक प्रत्यय। पिता-मह और माता-मह का मह म का अपूर्णभूत रूप है। (मह = बूढ़ा हो गया हुआ)। तर तम भी ऐसे ही हैं।

अब तक भाषा एकलया थी। शब्दों के सभी अक्षर एक लय से बोले जाते थे। कहीं किसी अक्षर पर विशेष जोर नहीं था-

णर आह = आदमी बोला।

णरष आहुष = लोग बोले।

गावष अगुष = गायें गयीं।

इति ह आष = ऐसा, कहते हैं, था।

णगष आषुष = रातें हुई।

युक्तपदा प्राक्संस्कृत के कुछ लेख मिल जायें तो संस्कृत भाषा का संपूर्ण इतिहास सामने आ जायेगा।

महाकवि जयशंकर प्रसाद ने ठीकं ही कहा था-

कहीं से हम आये थे नहीं

हमारी जन्मभूमि थी यहीं।

यह था प्राक्संस्कृत का दूसरा चरण।

तृतीय अध्याय

श्लिष्टपदा प्राक्संस्कृत

क्रमशः प्राक्संस्कृत शिलष्टपदा सीढ़ी पर आ गयी। शब्दों के किसी विशेष अक्षर पर जोर पड़ने लगा। इस कारण इसके आगे पीछे के स्वर कमजोर होकर लुप्त होने लगे। कुछ महाप्राण भी अल्पप्राण हो गये। धातुओं के आदि वाले ष और ण दन्त्य स और न हो गये, जिसका उल्लेख पाणिनि ने भी किया है।

सबसे पहले भूतकाल के रूपों पर प्रभाव पड़ा-

आष	आस	आस् (आः)
आषुष	आसुस	आसुस् (आसुः)
आहुष	आहुस	आहुस् (आहुः)

आह से बना आः दुःख वाचक अव्यय हो गया।

आः (आस्) का प्रयोग ऋ. 10-129-3 में एक बार मिलता है।

गा के रूप इस प्रकार सामने आये-

3 अगात्	अगुः
2 अगाः	अगात
1 अगाम्	अगाम

उत्तम पुरुष में एकवचन वाला रूप बहुवचल बन गया।

गम के रूप इस प्रकार हैं-

3 अगमत्	अगमन्त् (अगमन्)
2 अगमः	अगमत
1 अगमम्	अगमाम

अगमन्त् का त् संधि में कभी-कभी दिखाई देता है।

वर्तमान काल में उत्तम पुरुष बहुवचन का यामसि यामः हो गया।

मध्यम पुरुष आज्ञार्थ के बहुवचन में भूतकाल वाली विभक्ति आ गयी-

2. याहि यात

इस प्रकार श्लिष्टपदा प्राक्संस्कृत फूलने-फलने लगी।

इसी समय भाषा में एक नया मोड़ आया। क्रिया का फल अपनी ओर लक्षित करने के लिए इकारान्त विभक्ति को एकारान्त बनाया गया-

वर्तमान-एकवचन

3	गच्छति	गच्छते
2	गच्छसि	गच्छसे
1	गच्छामि	गच्छे

इकारान्त रूप को परस्मैपद और एकारान्त को आत्मनेपद कहते हैं।

बहुवचन

3	गच्छन्ति	गच्छन्ते
2	गच्छथ	गच्छध्वे
1	गच्छामसि	गच्छामहे

मध्यम पुरुष के दोनों रूप अनपेक्षित हैं। पर उत्तम पुरुष में गच्छामसि को ही गच्छामहि के रास्ते गच्छामहे बनाया गया।

भूतकाल के लिये पुरानी विभक्तियों को ही रखा, पर फिर मध्यम पुरुष एकवचन थास् और बहुवचन ध्वम् अनपेक्षित हैं। उत्तम पुरुष में तो वर्तमान ए को ही नीचे उतारा-

3	अगच्छत	अगच्छन्त
2	अगच्छथा:	अगच्छध्वम्
1	अगच्छे (अ गच्छ+इ)	अगच्छामहि

भूतकाल के रूपों से जब अ आगम हट गया तो विनियोगार्थ के रूप हो गये और वे आज्ञावाचक हुए। ज्यादातर निषेधवाचक मा के साथ उनका प्रयोग होता है-

3	गात्	गच्छत्	गमत्	गु:	गच्छन्	गमन्
2	गा:	गच्छ:	गम:	गात	गच्छत	गमत
1	गाम्	गच्छम्	गमम्	गाम	गच्छाम	गमाम

वेद में जितने प्रकार के भूतकाल हुए उतने ही विनियोगार्थ हुए, यह बात आगे स्पष्ट होगी। अब तक हम भूतकाल के अनेक रूपों को एक ही नाम से जानते हैं। वेद गें आगच्छत् एक दूरारे रागुदाय गें चला गया और अगात् तथा अगमत् दूसरे समुदाय में।

बाद में विनियोग के अनेकाक्षर रूपों के अन्तिम स्वर को दीर्घ बनाया

तथा म् का लोप कर दिया-

3 भवत् भवात्

2 भवः भवाः

1 भवम् भवा

फिर पूर्ण विभक्ति को भी लगाया, लेकिन मि की जगह नि आया-

3 भवाति

2 भवासि

1 भवानि

बहुवचन में तो भूतकाल की विभक्ति ज्यों की त्यों लगा दी-

3 भवान्

2 भवात

1 भवाम

ये विध्यर्थ के रूप कहलाये। बाद में भूतकाल के रूपों के बीच में या घुसाया-

3 भू-या-त् भूयुः

2 भू-याः भूयात

1 भू-याम् भूयाम

अकारान्त अंग के बाद या का सिकुड़ा हुआ रूप ई आया जो अ के साथ मिलकर ए हो गया-

3 भवेत् भवेयुः

2 भवेः भवेत

1 भवेयम् भवेम

ये इच्छार्थ के रूप कहलाये।

युक्तपदा प्राक्संस्कृत का आष शिलष्टपदा सीढ़ी पर आस् बन चुका था। पुरुषों और वचनों के अनुसार भेद दिखाने में सबसे पहले उत्तम पुरुष एकवचन से आसम् बना। मध्यम पुरुष और प्रथम पुरुष एकवचन में स् और त् को ई से जोड़ा। बहुवचन में भूत की सारी विभक्तियाँ जोड़ दीं-

3 आसीत् आसन्

2 आसीः आस्त

1 आसम् आस्म

इन रूपों के बन जाने पर अस् धातु की कल्पना हुई। वर्तमान में

एकवचन के रूप तो अस् से बने लेकिन उदात्त के विभक्ति पर चले जाने पर अस् घटकर स् रह गया-

3 अस्ति सन्ति

2 अ-सि स्त

1 अस्मि स्म

आज्ञार्थ

3 अस्तु सन्तु

2 अस्-धि = एधि स्त

(अज्धि)

विध्यर्थ

3 असति असन्

2 अससि असत

1 असानि असाम

इच्छार्थ

3 स्यात् स्युः

2 स्याः स्यात

1 स्याम् स्याम

अस् धातु आगे नहीं चल पाया और इसने यहीं दम तोड़ दिया। केवल पुराना रूप आस अपने अन्य साथियों (आसतुः आसुः) के साथ संस्कृत में आया।

तनस् (सन्तान) से तन् धातु की कल्पना हुई। चूंकि सन्तान से वंश फैलता है, इसलिए तन् का अर्थ हुआ-फैलना।

इसके रूपों को अनेक तरह से फैलाया गया, जिसके खण्डहर बिखरे हुए पड़े हैं।

तना- स्वयं तो नहीं रहा, पर इसके -ना- को लेकर कुछ धातुओं ने अपना परिवार बसाया-

3 क्रीणाति पुनाति

2 क्रीणासि पुनासि

1 क्रीणामि पुनामि

जब उदात्त विभक्ति पर चला जाता था तो-ना- नी बन जाता था तथा स्वर के पहले न् रह जाता था-

3 क्रीणीतः क्रीणन्ति

जान् क्रिया को भी आ से आगे बढ़ाया तथा जानाति आदि रूप बने। ज स्पृष्ट-संघर्षी था, अतः जान् (द्ज़ान्) फारसी में दान रहा। जब जान् सिकुड़कर ज्ञा हो गया तो फिर इसे जा- मानकर इसमें -ना- जोड़ा। संस्कृत वैयाकरण ऐसा ही मानते हैं।

तनो की अनुकृति पर सनो-मनो-क्षणो ये तीन अंग बने और इस समुदाय में तन् सन् मन् क्षण् ये चार ही धातु रहे। बाद में इसके ओ को लेकर करो भी बना, पर ओ पर उदात्त नहीं रहने पर यह कभी कुरु और कभी कुर् हो जाता था।

तनो के ही -नो- को लेकर सु आदि धातुओं ने नया परिवार बसाया-

3 सुनोति कृणोति

2 सुनोषि कृणोषि

1 सुनोमि कृणोमि

उदात्त के विभक्ति पर चले जाने पर- नो- कहीं- नु और कहीं- न्- हो जाता था-

3 सुन्वन्ति

2 सुनुथ

1 सुनुमः सुन्मः

तन् का ही न् कभी पूरा न होकर और कभी न् ही बनकर कुछ व्यंजनान्त धातुओं के बीच में घुस जाता था-

3 भुनक्ति भुञ्जन्ति

1 भुनज्मि भुञ्ज्मः

इस प्रकार तन् ने ही धातुओं के अनेक परिवारों को बसाया। संस्कृत में स्वादि, रुधादि तनादि और क्र्यादि गण प्रसिद्ध हैं।

पृथक्पदा प्राक्संस्कृत में ध दुहरा जाता था। ध ध = खूब चमकता है। आज भी हिन्दी में हम कहते हैं-धधक उठा। जब पुरुष का भेद आने लगा तो धधति को बहुवचन मान लिया गया। तब दूसरे ध को धा बनाकर एकवचन की कल्पना हुई-

3 धधाति धधति

2 धधासि -

1 धधामि -

तीसरी सीढ़ी पर पहला अक्षर अल्पप्राण हो गया-

3 दधाति दधति

2 दधासि –

1 दधामि –

बाद में मध्यम पुरुष में धत्थ और उत्तम पुरुष में दध्मसि बने।

–य– विकरण वाले युध्यति, दीव्यति, स्निह्यति इत्यादि क्रियारूपों में उदात्त यद्यपि क्रिया पर ही है, पर उनका स्वर गुण नहीं हुआ। यदि उदात्त –य– पर रहता है तो आत्मनेपद विभक्ति द्वारा कर्म वाच्य का भाव व्यक्त होता है।

बिना विकरण वाले याति आदि क्रियारूप तो पहले से चले आ रहे थे।

इस प्रकार शिलष्टपदा प्राक्संस्कृत के अन्तिम क्षण तक धातुओं के नौ गण बन चुके थे।

जहाँ क्रियाओं में यह परिवर्तन हो रहे थे वहाँ संज्ञा, सर्वनाम और विशेषण भी स्थिर नहीं थे। बहुवचन के रूप स्वराघात के कारण अपना अन्तिम अ खो चुके थे–

गाव गावष गावस्

णर णरष नरस्

शिलष्टपदा प्राक्संस्कृत के लोगों ने इनका विग्रह इस प्रकार किया–गावस् = गौ + अस्, नरस् = नर् + अस्। इस प्रकार अस् को बहुवचन की विभक्ति के रूप में स्वीकार किया। उसके पहले आव् भी औ स्वर का फैला हुआ रूप माना गया।

इस प्रकार अय् आय् अव् आव् को सामान्य रूप से स्वर के पहले ए ऐ ओ औ का फैला हुआ रूप मान लिया गया क्योंकि ये चारों पहले अइ आइ अउ आउ थे। फिर नर् को नृ का फैला हुआ रूप माना। जब कर्ता–बहुवचन नरास् स्थिर हुआ तो बीच में –न्– घुसाकर नरांस् कर्म–बहुवचन का रूप बना। अन्य कारकों में भी इसी प्रकार विभक्तियाँ स्थिर हुई।

	एकवचन	बहुवचन
3	–	भि
4	ह्य भ्य य	–
5	ति	–
6	ष	–
7	षि	षु

अपादान का ति अभी भी इति में तथा देवात् में है। सप्तमी का एकवचन वाला षि अशोक के शिलालेख में है-जंबूदीपसि।

बहुवचन वाला षु तो ष का ही घुमाया हुआ रूप है। भ्य ह्य के य हो जाने पर पूर्ववर्ती अ दीर्घ होने लगा-देवाय। बाद में इनमें म् भी जोड़ा गया-मह्यम्, तुभ्यम्। पहले म् नहीं था। लैटिन तिबि, मिहि इसका प्रमाण है।

द्विवचन का प्रयोग प्राक्संस्कृत की दूसरी सीढ़ी पर शुरु हो गया था। इसका प्रत्यय -ह था। प्राक्संस्कृत की अन्तिम साँस के समय यह पूर्ववर्ती स्वर को दीर्घ बनाकर विदा हो गया। पर उसका अस्तित्व भुलाया नहीं गया, क्योंकि उसके आगे स्वर के रहने पर संधि नहीं हुई। भ्याम् और ओस् तो बहुत बाद में आये।

कालक्रमेण क्रिया में भी द्विवचन का प्रयोग शुरु हुआ-

	परस्मैपद		आत्मनेपद	
	वर्तमान	भूत	वर्तमान	भूत
3	तस्	ताम्	ते	ताम्
2	थस्	तम्	से	थाम्
1	वस्	व	वहे	वहि

अर्थों के लिये भूतकाल की ही विभक्तियाँ रहीं।

श्लिष्टपदा प्राक्संस्कृत की इसी स्थिति के समय एक जन समुदाय मध्य एशिया की ओर और वहाँ से फिर योरोप के लिये चल पड़े।

सोमलता के देश में रहकर लोगों ने अपनी संस्कृति का पुनः विस्तार किया। भौतिक संस्कृति के विनाश के बाद वे प्रकृति की ओर मुड़े। इन्होंने मंत्रों की रचना शुरु की। बाद में लोगों के बीच कुछ सांस्कृतिक मतभेद शुरु हुआ और उनका एक दल अपने मंत्रों के साथ सप्त सिन्धु देश में आ गये। तभी से वैदिक संस्कृति का आरम्भ हुआ।

द्रविड देश और मध्य भारत के जंगलों की ओर गये हुए आर्यों का जीवन कष्टमय रहा, क्योंकि प्रकृति उनके अनुकूल नहीं थी। गरम सूर्य और वन्य जीवन ने उनकी भाषा को लंगड़ा बना दिया। ईशा की तीसरी सदी पूर्व में जब वैदिक भाषा ढलती हुई सामान्य लोगों के बीच प्राकृत नाम से बोली जा रही थी उसी समय युक्तपदा प्राक्संस्कृत तृणमूल पर लंगड़ाती हुई आगे बढ़ रही थी। अशोक ने इसी जनभाषा में अपने शिलालेख खुदवाये। भूल से लोगों ने उसे प्राचीन प्राकृत कह दिया है। यह तो उस श्लिष्टपदा प्राकृत की परदादी है। पर इसे कौन मानता है?

आर्य और अनार्य

भारत में आर्य या अनार्य नाम से कोई जाति नहीं है। सभी आर्य हैं। गोरा, साँवला और काला होना जाति की पहचान नहीं है। द्रविड का अर्थ है-गरम सूरज का देश। सूरज की गरमी में काम करने वाले लोगों का रंग साँवला या काला हो गया। फिर प्रतिकूल प्रकृति के साथ रहने वालों का जीवन कठिन और कष्टसाध्य हो गया। उनमें से कुछ तो लुटेरे हो गये, पर जो परिश्रम से जीवन बिताते थे वे सुखी भी थे और शारद (शरण देने वाले) किलों में भी रहते थे।

ऋग्वेद के ऋषि जिसे दास या दस्यु कहते थे वे अनार्य नहीं थे, वे भी आर्य ही थे।

दस्यु (अवेस्ता दह्यु) गाँव तथा वहाँ के रहने वालों को कहते थे। फारसी में गाँव को दिह तथा गाँव के समूह को देहात कहते हैं। ये दस्यु वास्तव में गाँव के लोग थे। कठिन जीवन बिताने और सूर्य की गरमी में काम करने के कारण वे कृष्णत्वक् थे। लंगड़ाती हुई पुरानी युक्तपदा प्राक्संस्कृत को बोलने के कारण मृध्रवाक् थे, क्योंकि वह वैदिक भाषा के सामने गँवार लगती थी। गरीबी के कारण वे लूटपाट करते थे।

इन्द्र कोई देवता नहीं थे। वह तो सरस्वती सभ्यता के समाज के सेनानी थे जो इन लुटेरों को पकड़ते थे। चालीस साल की खोज के बाद उन्होंने शंबर नाम के पहाड़ों में छिपे हुए दस्यु को शरु से मार डाला था। वैदिक सभ्यता को सरस्वती से जोड़कर देखें तो भारत का इतिहास ही अनोखा होगा। रुद्र सरस्वती सभ्यता के सबसे कठोर पुलिस अफसर थे जो चापलूसी करनेवालों को कड़ी सजा देते थे। ऋग्वेद के ऋषि भी उन्हें याद करते हैं-मा त्वा रुद्र चुक्रधामा नमोभिर्मा दुष्टुती वृषभ मा सहूती। विष्णु उस सभ्यता के भूमिसर्वेक्षण अफसर थे। संक्षेप में सारे वैदिक देवता गण, सरस्वती सभ्यता में उच्चपदाधिकारी थे।

सनातन धर्म ने ईश्वर को ऊँ के रूप में और उनकी अनेक विभूतियों को ब्रह्मा विष्णु शिव के रूप में देखा। फिर अन्य देव देवियाँ उस ॐ की ही छिपी हुई शक्तियाँ हैं। निराकार ईश्वर तो ऊँकार रूप में एक ही है, पर उनकी शक्तियाँ अनन्त हैं, जिन्हें ही सनातन धर्म ने देवता के रूप में देखा, उन्हें सर्व तन्त्र स्वतंत्र मानकर उनकी आराधना शुरु की और अपने अनुरूप सिद्धियाँ प्राप्त कीं।

द्वितीय भाग
वैदिक व्याकरण

चतुर्थ अध्याय

वर्ण विचार

1. हमने देखा, किस प्रकार प्राक्संस्कृत विकसित होती हुई, फैलती हुई, वैदिक भाषा के द्वार पर गंगा, यमुना और सरयू नदी तक आ गयी। वैयाकरण तो वैदिक भाषा के विश्लेषण में उलझ गये और प्राचीनतर भाषा को भूलने लगे, लेकिन पाणिनि को पुरानी से पुरानी परम्परा मालूम थी, क्योंकि उन्होंने उसी वर्गमाला का प्रयोग किया जो प्राक्संस्कृत में प्रचलित थी और शब्दों की रूपावली में भी प्राचीन भाषा के स्वरूप को याद दिलाना न भूले। नहीं तो 'सरूपाणामेकशेष एक विभक्तौ' कहने की क्या आवश्यकता थी? धातु पाठ पुराना हो चुका था और संस्कृत के लायक नहीं रह गया था, पर उन्होंने उसी धातुपाठ का उपयोग किया जिसमें ष्ठा, षह, णम इत्यादि धातु थे। इसके लिये उन्होंने धात्वादे: ष: स:, णो न: कहकर धातु पाठ को अविकृत रहने दिया।

जिस समय वे पैदा हुए थे उस समय वैदिक भाषा भी अनेक सीढ़ियों को पार करती हुई लौकिक संस्कृत के द्वार पर खड़ी थी। इसी का व्याकरण बनाना उन्हें अभीष्ट था और उसी बिन्दु पर उन्होंने रुककर अपना व्याकरण रचा, पर यत्र तत्र वैदिक भाषा का स्वरूप दिखाते गये।

वैदिक भाषा का घटा हुआ या नियमबद्ध रूप संस्कृत कहलाता है, पर वैदिक भाषा में प्राक्संस्कृत के बहुत से पुराने रूप नष्ट हो चुके थे।

2. प्राक्संस्कृत वर्णमाला का कुछ बदला हुआ रूप यह था–

(1) अ इ उ (2) ऋ ल् (3) ए ओ (4) ऐ औ (5) ह य व र (6) ल (7)ञ म ङ ण न (8) झ भ (9) घ ढ ध (10) ज ग ब ड द (11) ख फ छ ठ थ च ट त (12) क प (13) श ष स (14) ह।

इसे माहेश्वर सूत्र कहते हैं। पाणिनि ने हर सूत्र के अन्त में एक व्यंजन जोड़ा जो बीच के अक्षरों को समेटने के लिये था।

3. लेकिन तब तक समाज में उपर्युक्त वर्णमाला को इस रूप में प्रस्तुत किया जा चुका था–

		अ आ, इ ई, उ ऊ, ऋ ॠ लृ ए ऐ ओ औ अं अः
कवर्ग	1 क ख	ग घ ङ
चवर्ग	2 च छ	ज झ ञ
टवर्ग	3 ट ठ	ड ढ ण
तवर्ग	4 त थ	द ध न
पवर्ग	5 प फ	ब भ म
		य र ल व
	श ष स	ह

पड़ी रेखा के ऊपर सारे स्वर हैं, नीचे व्यंजन। खड़ी रेखा के बायें अघोष व्यंजन, दायें घोष व्यंजन।

स्वरों में ऊपर साधारण स्वर हैं, जो ह्रस्व दीर्घ के जोड़ों में है।

नीचे सन्ध्यक्षर हैं, क्योंकि ये क्रमशः अइ आइ अउ आउ के प्रतिनिधि हैं।

अन्तिम दो-अं अः - तो स्वर नहीं हैं। अनुस्वार और विसर्ग व्यंजन हैं, पर उन्हें सहारा देने के लिये उनके नीचे अ को रख दिया गया है।

व्यंजनों में प्रथम पांच पंक्तियाँ स्पर्शों की है, जो उच्चारण स्थान के विचार से क्रमशः 1. कंठ्य 2. तालव्य, 3. मूर्धन्य, 4. दन्त्य और 5. ओष्ठ्य हैं। इनमें पहले दो अघोष हैं, शेष तीन घोष। इनमें भी पहले तीसरे अल्पप्राण हैं, दूसरे चौथे महाप्राण, पाँचवें अनुनासिक।

दो स्वरों के बीच में ड और ढ को क्रमशः ळ और ळ्ह लिखते हैं, और उनका उच्चारण वही है जो हिन्दी में ड़ और ढ़ का है।

आगे अन्तःस्थ है - य (तालव्य) र (मूर्धन्य) ल (दन्त्य) व (दन्तोष्ठ्य)।

अन्त में ऊष्म है - श (तालव्य) ष (मूर्धन्य) स (दन्त्य)। ये तीनों अघोष हैं। अन्तिम ऊष्म ह घोष है।

विसर्ग और अनुस्वार भी ऊष्म ही हैं और अघोष ही, पर महाप्राण भी है। अनुस्वार सदा स्वर के बाद लेकिन य र ल व श ष स ह के पहले रहता है, और विसर्ग भी सदा स्वर के आगे। अनुनासिकों में भी महाप्राणता ही है। क्योंकि इनके आगे ह आ जाने पर वे अल्पप्राण हो जाते हैं। प्राकृत बम्हण अशोक के शिलालेखों में बाभन है।

4. स्वर परिचय

अ मौलिक स्वर है, पर वेद में कभी-कभी दीर्घ स्वर ह्रस्व हो जाता है-मापे: (= मा अपे:) को म आपे: पढ़ना पड़ता है। पहले तो यह विवृत स्वर था, आ की तरह मुँह खोलकर एक मात्रा से बोला जाता था, पर बाद में यह संवृत हो गया, बोलते समय मुँह का आकार छोटा होने लगा।

वास्तव में इसकी जाति बदल गयी। इसके भी दीर्घ और प्लुत उच्चारण होते हैं, पर यह लिखा जाता है अ ही। संवृत दीर्घ अ को कात्यायनने 'पररूप' कह दिया (शक+अन्धु = शकन्धु)। इसके प्लुत उच्चारण के सामने तीन लिख देते हैं - आगच्छ कृष्ण 3 अत्र गौश्चरति।

आ मौलिक भी है और दो विवृत ह्रस्व अ के मिलने से भी बना है-

अ+अ = आ। कहीं कहीं अन्-आ का भी संबंध दीखता है-जन्-जायते।

इ मौलिक स्वर है, पर कभी कभी यह ए ऐ के नीचे उतारने से बनता है-सेव्-सिषेव, रै अरि। यह य का सम्प्रसारण वाला रूप भी है-यज्: इयज्।

ई मौलिक स्वर भी है और इ इ का योग भी। यह या का सिकुड़ा हुआ रूप भी है कुर्यात्-कुर्वीत।

उ मौलिक स्वर है, पर कभी-कभी ओ औ को नीचे उतारा जाता है। गो-द्विगु, नौ द्विनु। यह व का सम्प्रसारण वाला रूप भी है - वक्ति उक्त।

ऊ मौलिक स्वर है, पर उ+उ भी ऊ होता है, वा और औ के सिकुड़ने से भी ऊ होता है।

ऋ मौलिक स्वर नहीं है। र के अगले अक्षर पर उदान्त रहने से यह घटकर ऋ हो जाता है-अवेस्ता रतु - वेद ऋतु, प्रछति से पृछति, रछति से ऋछति।

ॠ तो दीर्घ स्वर आ ई ऊ की देखा-देखी से बने हैं - देवान् मुनीन् साधून से पितॄन्, देवानाम् मुनीनाम् साधूनाम् से पितॄणाम्।

ऌ तो ऋ का ही दन्त्य रूप है, और ॡ काल्पनिक स्वर है।

सन्ध्यक्षर ए ऐ ओ औ तो क्रमश: अइ आइ अउ आउ के सिकुड़े हुए रूप हैं। इसलिये आगे स्वर रहने पर मे क्रमश: अय् आय् अव् आव् के रूप में फैल जाते हैं।

लेकिन कुछ ए और ओ ऐसे नहीं है। जैसे-अस्+धि = अज्धि = एधि, षष्+दश = षज्+दश = षोडश। कभी कभी देर से उच्चारण के कारण अइ

= ऐ, अउ = औ: अ-ईक्षत = ऐक्षत, अ-उनत् = औनत्। ऐसी अवस्था में वैयाकरणों ने पहले अ को आ कहा है।

स्वरों का चढ़ाव-उतराव

ऐसा लगता है कि ए (अइ) ओ (अउ) बीच की स्थिति है। इन्हें गुण स्वर कहते हैं। इनमें से अ हटा लेने पर ह्रस्व स्वर इ उ तथा अ जोड़ने पर वृद्धि स्वर आइ (ऐ) आउ (औ) बनते हैं-

साधारण स्वर	इ	उ
गुण स्वर	अइ (ए)	अउ (ओ)
वृद्धि स्वर	आइ (ऐ)	आउ (औ)

अ आ ह्रस्व स्वर और दीर्घ स्वर तो हैं ही, इन्हें गुण और वृद्धि स्वर भी कहते हैं।

ऋ की रेखा पर अर् गुण है आर् वृद्धि।

लृ की रेखा पर अल् गुण है (आल् वृद्धि)।

अब स्वरों की सीढ़ी इस प्रकार है-

ह्रस्व	अ	इ	उ	ऋ	लृ
दीर्घ	आ	ई	ऊ	ॠ	(ॡ)
गुण	अ	ए	ओ	अर्	अल्
वृद्धि	आ	ऐ	औ	आर्	(आल्)

य व र ल के स्वर वाले रूप क्रमशः इ उ ऋ लृ है। य व र ल का इ उ ऋ लृ में बदलना संप्रसारण कहलाता है।

ह्रस्व स्वर के बाद वाले र् या व् के बाद यदि कोई व्यंजन आता है तो वह प्रायः दीर्घ हो जाता है-किर्+य = कीर्य, दिव्+य = दीव्य।

अगले उदात्त स्वर के प्रभाव से कभी कभी अ आ लुप्त हो जाते हैं-

दधाति	:	दध्-मसि
अस्ति	:	स्तस्
ददाति	:	दत्तस्

कभी कभी आ ह्रस्व होकर रह जाता है - पाद् लेकिन पदा।

कभी आ का ह्रस्व रूप इ ई होता है - स्था स्थित, धा धित, पा पीत, पुनाति पुनीतस्।

ए ऐ और ओ औ का ह्रस्वादेश क्रमशः इ और उ होता है - सेव् सिषेव्, गो द्विगु।

आय् आव् का व्यवहार ऐ औ जैसे होता है – गाय् गीत धाव् धूत।

कई धातुओं के अन्तिम ए ऐ ओ औ अन्यत्र आ जैसा व्यवहार रखते हैं – गै से गान, ध्यै से ध्यान,अव-सो अवसान।

5. व्यंजन परिचय

कवर्ग के स्पर्श मौलिक हैं, लेकिन शब्दों की बनावट में चवर्ग से इनकी अदला-बदली होती है-गम् दुहराने पर जगम् होता है।

चवर्ग कुछ विशुद्ध स्पर्श हैं और इनकी अदला-बदली कवर्ग से होती है-वच् से वक्ति, रुज् से रोग। पर कुछ चवर्ग स्पृष्टसंघर्षी हैं – च = त्श, ज = दज़। छ और झ इन्हीं के महाप्राण रूप हैं। पृथक्पदा का चि ह (सच कहता हूँ) त्शिह से त्शेह द्वारा ग्रीक में ते हो गया, तथा गोथिक में ह मात्र रह गया। स्पर्श उच्चारण के कारण चिह संस्कृत में च तथा लैटिन में के रहा।

स्पर्श च और ज पदान्त में क् रहता है। स्पृष्टसंघर्षी च का तो उदाहरण नहीं है, लेकिन ज पदान्त में ट् हो जाता है-राज् राट्।

स्पृष्ट-संघर्षी संयुक्ताक्षर उच्चारण के कारण छ का पूर्ववर्ती स्वर दीर्घ रहता है और ऋग्वेद में तमाम गच्छति की जगह गछति लिखते हैं। न के पहले छ (त्श्ह्) की महाप्राणता तो चली ही जाती है, पूर्ववर्ती स्पर्श तत्त्व त् भी चला जाता है-प्रछ्+न = प्रश्न। पदान्त में यह छ् ट् हो जाता है-प्राछ् से प्राट्। त के पहले स्पृष्टसंघर्षी छ् और ज् ष् होकर त को ट बना देते हैं-पृछ्+त = पृष्ट, राज्+त्र = राष्ट्र।

स्पृष्टसंघर्षी झ का प्रतिनिधि वेद में ह है। प्राक्संस्कृत का अ झ (अ द् ज़ ह) वेद में अहम्, अवेस्ता में अज़म् तथा पुरानी फारसी में अदम् है। अन्यत्र स्पर्श ही रहा और घ द्वारा ग आदि में बदला – लैटिन ग्रीक एगो। वेद में स्पर्श झ घ की ओर भी मुड़ता है, पर स्पृष्टसंघर्षी झ ढ की ओर: द्रुह्, द्रोघ द्रोह: वहति ऊढ; लेकिन मुह् का ह दोनों है-मोह मोघ मूढ।

जानामि = दज़ान्-आ-मि

फारसी में मीदानम् है, क्योंकि ज् स्पृष्टसंघर्षी था। प्राक्संस्कृत में क्रिया जान् ही थी जो आ द्वारा आगे बढ़कर जानामि रूप का कारण बना। संस्कृत वैयाकरणों ने इसके सिकुड़े हुए रूप ज्ञा को पकड़ा, क्योंकि तब वही प्रचलन में आ गया था।

टवर्ग और तवर्ग मौलिक हैं, पर प्राक्संस्कृत में टवर्ग का प्रयोग तवर्ग से कहीं अधिक था। फिर भी धीरे-धीरे टवर्ग तवर्ग की ओर खसक रहा था। ऋग्वेद प्रातिशाख्य कहता हे कि तवर्ग दन्तमूलीय है। इसका मतलब यह है कि तवर्ग टवर्ग की ओर से खिसकता आ रहा था और अन्त में पूर्णतः दन्त्य हो गया।

टवर्ग के अक्षरों में ठ सबसे अधिक प्रचलित था, लेकिन वैदिक भाषा में यह त बन गया।

पवर्ग भी मौलिक है, पर प्राक्संस्कृत फ और ब तो नहीं के बराबर हैं। कई कारणों से वेद में ब का प्रयोग बढ़ा है।

अघोष महाप्राण (ख छ ठ थ फ) वर्णों में ठ ही अधिक संख्या में है। उससे कम छ तथा सबसे कम ख। अन्य दोनों का पता भी नहीं। वेद में आते-आते सभी लुप्त होने लगे। प्राक्संस्कृत का ठ वेद में त होता दीखता है।

वेद में ण न म पूरे अक्षर के रूप में मिलते हैं, पर ञ ङ तो न् म् के विकार के रूप में दिखायी देते हैं। एकाक्षर कोश के आधार पर कह सकते हैं कि प्राक्संस्कृत में वे पूर्ण अक्षर भी थे।

य र ल व अन्तःस्थ कहलाते हैं, क्योंकि इनके साथ इ ऋ लृ उ स्वर हैं। पर कुछ य व तो इ उ स्वर से संबंध नहीं रखते। प्राक्संस्कृत में शायद दो प्रकार के य व थे।

श ष स अघोष ऊष्म हैं। पदान्त में कुछ श् तो क् होते हैं कुछ ट्। ष् तो पदान्त् में ट् ही होता है। त के पहले श् स्वयं ष् बनकर त को ट बना देता है। स् के बाद से आने पर कभी-कभी यह त् बन जाता है-वस्+स्यति = वत्स्यति।

प्राक्संस्कृत वर्ण माला में ह दो थे - घोष और अघोष। पर संस्कृत अघोष ह को नहीं जानता। अघोष ह संस्कृत में अ या स बन गया, और घोष ह अवेस्ता में ज बन गया।

पंचम अध्याय

सन्धि

6. पृथक्पदा प्राक्संस्कृत के सभी अक्षर स्वतंत्र थे। किसी के किसी से मिलने की बात नहीं उठती थी। युक्तपदा में दो अक्षर मिलने लगे थे, जिसमें अन्तिम व्याकरण का तत्त्व होता था। ष ठ (होना-भूतकाल = हुआ, था) से ष्ठ ऋग्वेद में एक बार दिखायी पड़ता है। श्लिष्टपदा में पदान्त व्यंजन होने लगे थे, क्योंकि उदात्त के कारण अन्तिम स्वर लुप्त हो जाया करते थे - नरस आहुस से जब नरस् आहुस् हुआ होगा तो वर्ण परिवर्तन की कुछ आवश्यकता मालूम पड़ी होगी।

वैदिक भाषा में तो दो वर्णों के मिलने की स्थिति आती ही है और वर्ण परिवर्तन होते ही हैं। चार स्थितियाँ देखने में आती हैं-

स्वर+स्वर

स्वर+व्यंजन

व्यंजन+स्वर

व्यंजन+व्यंजन

ऐसा प्रयत्न किया जाने लगा कि दो स्वर लगातार न आयें और दो व्यंजन एक ही जाति के हों। इससे स्वर या व्यंजन में विकार आने लगा। स्वर में होने वाले परिवर्तन को स्वरसन्धि और व्यंजन में होने वाले विकार को व्यंजनसन्धि कहते हैं।

किसी शब्द की आन्तरिक बनावट में जब दो वर्ण मिलते हैं तो उनकी सन्धि कुछ और ही होती है, और वाक्य में जब दो शब्द मिलते हैं तो उनके अन्तिम और आद्य वर्णों की सन्धि कुछ और ही होती है। कुछ वर्णविकार दोनों में एक जैसे होते हैं।

फिर भी, पहले विकार को अन्त:पद सन्धि और वाक्य गत विकार को पद-सन्धि कहते हैं।

अन्तःपद-सन्धि

7. स्वर-सन्धि

1 दो सवर्ण साधारण स्वर मिलकर दीर्घ हो जाते हैं-देव+अस् = देवाः, युवन् से यु-उन् = यून्, यज् से इ-इज् = ईज्। लेकिन भव+अन्ति = भवन्ति।

2 अ आ के बाद इ ई, उ ऊ क्रमशः ए ओ हो जाते हैं-देव+इन = देवेन, मघवन् से मघ+उन् = मघोन्।

3 अ आ के बाद ए ऐ और ओ औ क्रमशः ऐ और औ हो जाते हैं-देव+एस् = देवैः, देव+औ = देवौ।

4 इ इ, उ ऊ, ऋ के बाद कोई भिन्न स्वर इन्हें य् व् र् में क्रमशः बदल देता है-मति+आ = मत्या, धेनु+आ = धेन्वा, मातृ+आ = मात्रा।

5 ए ऐ ओ औ किसी स्वर के पहले फैलकर अय् आय् अव् आव् हो जाते हैं-गौ+औ = गावौ, गो+आ = गवा, मुने+अस् = मुनयः, रै+आ = राया।

ये नियम तो पद-सन्धि में भी हैं, पर अन्तःपद सन्धि में-एध + ए = एधे, भव+अन्ति = भवन्ति, आ+इक्षत = ऐक्षत, धी+इ = धिय्-इ (धियि), भू+आ = भुव्-आ (भुवा), गृ+अ = गिर इत्यादि विशेष नियम भी हैं। ऋ+य = रिय (कृ+य-ते = क्रियते)। लेकिन स्मृ+यते = स्मर्यते। पृ+य = पूर्य, गृ+य = गीर्य, इत्यादि।

इन विशेष नियमों को उचित प्रसंग में ही बताना उपयुक्त होगा।

8. व्यंजन सन्धि

यद्यपि स्वर, अन्तःस्थ और अनुनासिक के पहले पूर्ववर्ती व्यंजन प्रभावित नहीं होता, फिर भी कुछ अपवाद हैं ही-छिद्+न = छिन्न, जगम्+वस् = जगन्वस्।

पूर्ववर्ती घोष व्यंजन परवर्ती अघोष व्यंजन के कारण अघोष हो जाते हैं-अद्+सि = अत्सि, लभ्+स्यते = लप्स्यते।

कुछ विशेष बातें

1. च् ज् + त थ = क्त, क्थ - उच्+त = उक्त, उच्+थ = उक्थ।
2. ड् ट् + त = ट्ट - ईड्+टे =ईट्टे।

3. ज् श् ष् छ् + त थ = ष्ट, ष्ठ - राज्+त्र = राष्ट्र, विश्+त = विष्ट, दुष्+त = दुष्ट, पृछ्+त = पृष्ट।

4. घ् ध् भ् + त थ = ग्ध द्ध ब्ध

जघस् + त = जघ् स्+त = जघ्+त = जघ्ध

(दो स्पर्शों के बीच का -स्- लुप्त हो जाता है)

=जग्ध, नध्+त = नद्ध, लभ्+त = लब्ध।

5. ह् + त = ग्ध दुह्+त = दुग्ध। फिर ह्+त = ढ्-ढ = ढ (लेकिन पूर्ववर्ती स्वर दीर्घ हो जाता है)-लिह्+त = लीढ, लेह्+ति = लेढि।

6. क्ष् + त थ = ष्ट ष्ठ - चक्ष् + ते = चष्टे, अ-चक्ष्-थास् = अचष्ठाः

7. क् च् छ् ज् श् ष् ह् + स = क्ष (क्ष) दिश्+सु = दिक्षु, वाच्+सु = वाक्षु, प्रछ्+स्यति = प्रक्ष्यति, रुज्+सु = रुक्षु, लेह्+स्यति = लेक्ष्यति।

8. पहले अक्षर पर यदि घोष अल्पप्राण (ग द ब) हो और अन्तिम वर्ण घोष महाप्राण (घ ध भ) या ह हो तो स् के लगने पर अन्तिम वर्ण तो क् त् प् हो जाता है पर पहला अल्पप्राण (ग द ब) महाप्राण हो जाता है-दह्+स्य = धक्ष्य, दध्+से = धत्से, बोध्+स्य = भोत्स्य-। ऐसी स्थिति में अगला वर्ण यदि लुप्त भी हो जाये तो उपर्युक्त परिवर्तन होता ही है-बुध्+स् = भुत्, दह्+स् = धक्।

शब्दरूप के प्रसंग में भ्याम् आदि तथा सु के पहले भी ये ही रहते हैं-बुध्+भ्याम् = भुद्भ्याम, बुध्+सु = भुत्सु।

9. अ आ से भिन्न स्वर के बाद स मूर्धन्य ष हो जाता है-राज-सु, लता-सु लेकिन मुनि-षु, साधु-षु। बीच में अनुस्वार या विसर्ग रह सकता है-हवींषि हविःषु, लेकिन मनांसि मनःसु।

10. र् ष् + न = र्ण ष्ण - कृष्ण पूर्ण। बीच में स्वर, अन्तःस्थ, कवर्ग, पवर्ग और अनुस्वार भी हो सकता है।

रिपु-णा, रघु-णा, रामायण

11. न् म् प्रत्ययादि स के पहले अनुस्वार हो जाता है।

हन्+सि = हंसि, रम्+स्यते = रंस्यते।

पद-सन्धि

9. स्वर-सन्धि

1 सामान्यतः तो दो साधारण स्वर ह्रस्व या दीर्घ, आपस में मिलकर दीर्घ हो जाते हैं, लेकिन कभी-कभी आ+अ और उ ऊ + उ ऊ अलग-अलग ही रह जाते हैं।

मनीषा अग्निः, विळू उत, सु ऊर्ध्वः सु ऊतये।

दूसरी ओर, संहिता में की गयी सन्धि को भी तोड़कर पढ़ना पड़ता है-चासात् = च आसात्, चार्चत = च अर्चत, मापेः = म आपेः, हीन्द्र = हि इन्द्र। यह बात पुराने मंत्रों में होती है।

2 अ आ + इ ई, उ ऊ = ए, ओ तथा अ आ + ए ऐ, ओ औ = ऐ, औ। लेकिन अ ऋ को अलग लिखकर भी अर् पढ़ते हैं-सप्तऋषयः=सप्तर्षयः।

दूसरी ओर, उपसर्ग आ+ऋ= आर्, आ+ऋछतु = आर्छतु; उप+ऋछति = उपार्छति। प्र+इषयुः = प्रैषयुः।

3 भिन्न स्वर के पहले इ ई = य्, उ ऊ = व्, लेकिन पढ़ते समय सन्धि तोड़ ही देते हैं। यहाँ तक कि वरेण्यम् को वरेणिअम्, कर्त्व को कर्तुअ पढ़ते हैं। व्युषा को वि उषाः, विदथेष्वञ्जन् को विदथेषु अञ्जन् ही पढ़ा जाता है।

4 वेद की प्राचीनतर भाषा में अ स्वर विवृत है, इसलिये ए ओ के बाद वह अ उच्चरित होता है। लेकिन लिखने में उसे लोप कर दिया है। सुनवे ग्ने = सूनवे अग्ने। फिर देवासो अप्तुरः को तो लिखा भी वैसा ही है।

5 स्वरों के पहले ए ओ क्रमशः अय् अव् हो जाते हैं लेकिन य् सर्वत्र और व् केवल उ ऊ के पहले लुप्त होता है-

अग्ने इह = अग्नय् इह = अग्न इह, वायो उक्थेभिः = वायव् उक्थेभिः = वाय उक्थेभिः। लेकिन वायो आयाहि = वायव् आयाहि।

ऐ औ भी क्रमशः आय् आव् हो जाता है। लेकिन य् सर्वत्र और व् उ के पहले लुप्त होता है।

संस्कृत में आव् का व् कभी लुप्त नहीं होता-तौ + उभौ = तावुभौ।

य् व् के लोप होने पर दो स्वर आमने सामने आ जाते हैं और उनकी सन्धि नहीं होनी चाहिये। पर वेद में दुबारा सन्धि भी हो जाती है-वै+असौ

= वाय्असौ = वा असौ = वासौ। कहीं कहीं तो अलग रहने पर भी सन्धि करनी पड़ती है-ते इन्द्र = तय् इन्द्र =त इन्द्र को तेन्द्र पढ़ते हैं।

6 पहले कभी बताया था कि द्विवचन वाले रूपों के ई ऊ में एक ह् छिपा है जो दो स्वरों को मिलने से रोकता है। ए को भी ऐसा स्वर ही मानते हैं। अमी का ई तथा कुछ अन्य ई ऊ भी सन्धि से दूर रहते हैं। हरी इव, साधू अस्मै, अस्मे इन्द्रा बृहस्पती।

10. व्यंजन सन्धि

वाक्य में तो शब्द रूप, धातु रूप और अन्य बने-बनाये शब्द प्रयुक्त होते हैं और सभी व्यंजन शब्दरूपों और धातुरूपों के अन्त में नहीं रहते। वे तो केवल आठ हैं-क् ट् त् प्, ङ् न् म् तथा विसर्ग। बस, इन्हीं की सन्धि वाक्य में दिखायी जा सकती है।

क. क् ट् त् प्

1 स्वरों, अन्तःस्थों और घोष स्पर्शों के पहले घोष ग् ड् द् ब् हो जाते है।-अर्वाक्+राधः अर्वाग्राधः, षट्+उर्वीः = षळुर्वीः, गमत्+वाजेभिः = गमद्वाजेभिः, त्रिष्टुप्+गायत्री = त्रिष्टुब् गायत्री।

2 अनुनासिक के पहले ङ् ण् न् म् हो जाते हैं-प्रणक् मर्त्यस्य = प्रणङ् मर्त्यस्य, विराट्+मित्रावरुणयोः = विराण् मित्रावरुणयोः, त्रिककुप् निवर्तत् = त्रिककुम् निवर्तत्।

3 ह के पहले घोष ग् ड् द् ब् तो हो ही जाते हैं, तब ह भी इनके आगे क्रमशः घ ढ ध भ हो जाता है-सध्यक्+हिता = सध्यग्घिता, अवाट्+हव्यानि = अवाड् ढव्यानि, सीदत्+होता = सीदद्धोता।

ख. त् विशेष रूप से

1 च छ के पहले च् तथा ज झ के पहले ज् हो जाता है-तत्+चक्षुः = तच्चक्षुः, यातयत्+जन = यातयज्जनः।

2 ल के पहले ल् हो जाता है-तत्+लयः = तल्लयः।

3 श के पहले च् होकर श को छ बना देता है-रोहित् श्यावा = रोहिच्छ्यावा। यत्+शक्नवाम = यच्छक्नवाम।

ग. ह्रस्व स्वर के बाद वाला ङ् न् स्वर के पहले दुहरा जाता है-

अहन् अहिम् = अहन्नहिम्

कीदृङ् इन्द्रः = कीदृङ् ङिन्द्रः

घ. पदान्त ङ्

श के पहले क् ले आता है-प्राङ्+शेते = प्राङ्क्शेते।

ङ पदान्त न्

1 ज के पहले ञ् हो जाता है- तान्+जनान् = ताञ्जनान्।

2 ल के पहले लँ् हो जाता है-जिगीवान्+लक्षम् = जिगीवालँ् लक्षम्।

3 च और त के पहले अनुस्वार हो जाता है पर बीच में क्रमशः श् और स् चला आता है-तान्+च = तांश्च, तान्+तान् = तांस्तान्।

च. स्वर के पहले आन् आँ बन जाता है और ईन् ऊन् ॠन् क्रमशः ईँर् ऊँर्, ॠँर् - महान् इन्द्रः = महाँ इन्द्रः परिधीन् अति = परिधींरति, अभीशून् इव = अभीशूँरिव, नृन् अभि = नृँरभि।

छ. पदान्त म्

व्यंजन के पहले अनुस्वार हो जाता है। पर कहीं-कहीं यह लुप्त हो जाता है और अगले स्वर के साथ पूर्ववर्ती स्वर की सन्धि भी हो जाती है-राष्ट्रम् इह = राष्ट्र इह = राष्ट्रेह।

ज. पदान्त विसर्ग

1 च छ के पहले श्, ट ठ के पहले ष्, तथा त थ के पहले स् हो जाता है-देवाः चकृम = देवाश्चकृम, यः+ते = यस्ते।

2 यदि अ आ से भिन्न स्वर के बाद है, तो घोष वर्ण के पहले र् हो जाता है-अग्निः + होता = अग्निर् होता, परिभूः असि = परिभूर् असि।

3 आः का विसर्ग घोष वर्ण के पहले लुप्त हो जाता है-सुताः + इमे = सुता इमे।

4 अः का विसर्ग अ छोड़कर अन्य स्वर के पहले लुप्त हो जाता है-ख्यः+आ = ख्य आ।

5 अः घोष व्यंजनों के पहले ओ हो जाता है-देवः देवेभिः = देवो।

अ के पहले भी ओ हो जाता है, लेकिन संहिताकारों ने तब अ ही को हटा दिया है। फिर भी मंत्रपाठ में अ को लाना ही पड़ता है–नः + अति = नोति या नोअति। पितः, प्रातः इत्यादि पदों में विसर्ग वास्तव में र् है। घोष वर्णों के पहले यह र् ही रहता है–प्रातः अग्निः = प्रातरग्निः। विसर्ग या र् अगले र के कारण लुप्त हो जाता है और उसका पूर्ववर्ती स्वर दीर्घ हो जाता है–पुनः रूपाणि = पुना रूपाणि।

6 सः और एषः का विसर्ग अ छोड़कर सर्वत्र लुप्त हो जाता है। वाक्य के अन्त में तो ज्यों का त्यों रह जाता है, और अ के पहले सो एषो होकर अ को खा जाता है–स वनानि, एष ताम्, चक्र एषः, एषोऽमन्दन्। लेकिन मंत्रपाठ में अ आ ही जाता है–सोऽपः = सो अपः, एषोऽसुरः = एषो असुरः। विसर्ग–रहित स की सन्धि भी हो जाती है–स अस्मै = सास्मै। स इद् = सेद। ऐसे आर्ष प्रयोग संस्कृत में भी हैं–सैष दाशरथी रामः। कभी कभी सः क। विसर्ग रह भी जाता है–सः पलिक्नीः। सस्तव (सः तव)।

7 संस्कृत में भोः भवः के सिकुड़ने से बना है। सन्धि के समय ऐसा समझा जाता है कि भोः वस्तुतः भवः ही है। अतः इसका विसर्ग स्वर के पहले तो लुप्त हो ही जाता है, घोष व्यंजनों के पहले भी नहीं रहता–भो भोः पण्डिताः। इसका प्रयोग शतपथ ब्राह्मण से शुरु हुआ था।

षष्ठ अध्याय

शब्दरूप

प्राक्संस्कृत की पहली सीढ़ी पर शब्दों की जाति नहीं थी। समाज भी जातिहीन था।एक ही एकाक्षर शब्द संज्ञा या क्रिया हो सकता था। कालक्रमेण विशेषण का भाव उभरा। ई ऊ तो आज भी गाँव की बोलियों किसी व्यक्ति के नाम की जगह व्यवहृत होते हैं। प्राचीन काल में भी यही बात थी। इसलिये ये बाद में सर्वनाम कहलाये।

प्राक्संस्कृत जब तीनों सीढ़ी पार कर वैदिक में ढल चुकी थी तो बहुत से पुराने घिसे-पिटे शब्दों की वंशावली ही गायब हो गयी। वैदिक भाषा में ऐसे घिसे-पिटे निर्वंश शब्दों को अव्यय कहा। उनकी संख्या भी कम नहीं है।

अतः वैदिक काल तक पाँच प्रकार के शब्द हो गये थे-संज्ञा, सर्वनाम, विशेषण, क्रिया और अव्यय।

अव्यय तो बदलते नहीं। क्रिया के रूप अनेक कालों और अर्थों में तीन पुरुष और तीन वचन के अनुसार परस्मैपद और आत्मनेपद विभक्तियों से बनते हैं।

संज्ञा और सर्वनाम पुलिंग, स्त्रीलिंग और नपुंसक लिंग के अनुसार आठ कारकों के तीन वचनों में बदलते हैं।

विशेषण शब्द संज्ञा और सर्वनाम के लिंगों के अनुसार अपने रूप बदलते हैं। रूप के विचार से संज्ञा और विशेषण अभिन्न हैं।

सर्वनाम तो घिसे-पिटे पुराने शब्द हैं। इसलिये संज्ञा और विशेषण से उनके रूपों में भिन्नता होती है।

हमने देखा है कि संज्ञा शब्द कैसे बने हैं। इसलिये इनके रूप भी संज्ञा की दृष्टि से अनियन्त्रित हैं।

संज्ञा और विशेषण या तो स्वरान्त होते हैं या व्यंजनान्त। फिर वे दोनों या तो एकाक्षर होते हैं या अनेकाक्षर। अतः रूप के विचार से संज्ञा और विशेषण चार तरह के हैं-

1 एकाक्षर स्वरान्त-जा धी भू रै गो नौ। फिर संयुक्ताक्षर क्री भ्रू इनसे

भी पृथक हैं। क, कु, वि इत्यादि एकाक्षर होते हुए भी अनेकाक्षर जैसा व्यवहार रखते हैं।

2 एकाक्षर व्यंजनान्त - वाच् प्रछ्, रुज् राज् ईड् चित् पथ् हृद् पद् युध् क्षप् अप् स्तुभ्, नभ् द्वार्, पुर् गिर् दिव् दिश् विश् द्विष् दुह् दह् मास् आ- शिष् अनड्-वह्।

3 अनेकाक्षर स्वरान्त - पु. देव मुनि साधु, स्त्री. लता, मति नदी धेनु वधू, न. फल वारि मधु। पितृ मातृ दातृ।

4 अनेकाक्षर व्यंजनान्त - अदत्, महत् ददत् गोमत् कनीयस् राजन् विद्वस्, आत्मन्, ग्रावन्, पन्थन् श्वन् युवन् मधवन् प्रत्यञ्च्, पुमस्।

आठों कारकों की तीनों वचनों में विभक्तियाँ ये हैं-

	एकवचन	द्विवचन	बहुवचन
कर्ता	स्, म् (न.)	औ ई (न.)	अस् इ (न.)
कर्म	अम् म् (न.)	औ ई (न.)	अस् इ (न.)
करण	आ	भ्याम्	भिस्
सम्प्रदान	ए	भ्याम्	भ्यस्
अपादान	अस्	भ्याम्	भ्यस्
संबंध	अस्	ओस्	आम्
अधिकरण	इ	ओस्	सु
संबोधन	स्	औ	अस्

कहने के लिये तो तीस विभक्तियाँ हैं, पर इन्हें हम संख्या द्वारा इस प्रकार छोटा कर सकते हैं।

	एकवचन	द्विवचन	बहुवचन
कर्ता	1	8	11
कर्म	2	-	12
करण	3	9	13
सम्प्रदान	4	-	14
अपादान	5	-	15
संबंध	6	10	16
अधिकरण	7	-	17
संबुद्धि	18	-	-

किसी शब्द के अधिक से अधिक 18 रूप हो सकते हैं। बहुत से शब्दों

में तो 1-2, 5-6, 11-12 तथा 14-15 रूप एक ही जैसे होते हैं। अत: उनके रूप घट कर 14 तक आ सकते हैं। न. 1-2 में एकवचन विभक्ति नहीं होती; केवल अ के बाद. म् आ जाता है। संबोधन और कर्ता के रूप केवल एकवचन में भिन्न होते हैं, जिस कारण संबोधन एकवचन को संबुद्धि कहते हैं। उदात्त संबुद्धि के प्रथम अक्षर पर होता है, अन्यत्र चाहे वह कहीं रहा हो।

कुछ शब्दों के रूप सबल होते हैं। सबल रूप हैं-1, 2, 8, 11, शेष रूप अबल हैं। कुछ अन्य शब्दों के सबल रूप तो हैं ही, शेष अबल रूपों में 9, 13-15 और 17 मध्यम कहलाते हैं, अन्य अबल। न. व्यञ्जनान्त शब्दों का 11-12 रूप सबल ही होता है। 1. मध्यम 8. अबल।

उदात्त स्वर, सबल रूपों में शब्द पर होता है, अबल रूपों में विभक्ति पर।

संस्कृत रूपों में जहाँ औ होता है वहीं वेद में आ भी होता है-पितरौ पितरा।

शब्दों का विभाजन तो ऊपर बता दिया गया है, पर रूपावली को इस क्रम से प्रस्तुत किया जायेगा

1 अनेकाक्षर स्वरान्त शब्द
2 एकाक्षर स्वरान्त शब्द
3 एकाक्षर व्यंजनान्त शब्द
4 अनेकाक्षर व्यंजनान्त शब्द
5 सर्वनाम
6 संख्या

दातृ, मातृ, पितृ यद्यपि दातर् मातर् पितर् के रूप में राजन् धनिन् इत्यादि के साथ ही मेल खाते हैं, पर इन्हें हम स्वरान्त मानकर ही प्रस्तुत करेंगे।

14. अनेकाक्षर स्वरान्त पु. और स्त्री. शब्द

	पु. देव	स्त्री. प्रिया
1	देव:	प्रिया
2	देवम्	प्रियाम्
3	देवेन, देवा	प्रिया, प्रियया
4	देवाय	प्रियायै

5	देवात्	प्रियायाः
6	देवस्य	प्रियायाः
7	देवे	प्रियायाम्
8	देवौ, देवा	प्रिये
9	देवाभ्याम्	प्रियाभ्याम्
10	देवयोः	प्रिययोः
11	देवाः देवासः	प्रियाः प्रियासः
12	देवान्	प्रियाः
13	देवैः देवेभिः	प्रियाभिः
14-15	देवेभ्यः	प्रियाभ्यः
16	देवानाम्	प्रियाणाम्
17	देवेषु	प्रियासु
18	देव	प्रिये

पु. 3 देवेना भी, 12 देवांस् सन्धि में दीखता है। स्त्री. 18 अम्ब (यजुर्वेद में अम्बे)

न. फल के रूप

1-2 फलम् 8 फले 11-12 फला, फलानि। अन्य रूप पु. देव के ही समान होते हैं।

15. शुचि के रूप पु. स्त्री. में

	पु.	स्त्री.
1	शुचिः	शुचिः
2	शुचिम्	शुचिम्
3	शुच्या शुचिना	शुच्या शुचि शुची
4	शुचये	शुचये
5-6	शुचेः	शुचेः
7	शुचौ शुचा	शुचौ शुचा
8	शुची	शुची
9	शुचिभ्याम्	शुचिभ्याम्
10	शुच्योः	शुच्योः
11	शुचयः	शुचयः

12	शुचीन्	शुची:
13	शुचिभि:	शुचिभि:
14-15	शुचिभ्य:	शुचिभ्य:
16	शुचीनाम्	शुचीनाम्
17	शुचिषु	शुचिषु
18	शुचे	शुचे

शुचि के न. रूप इस प्रकार हैं-1-2 शुचि, 8 शुची, 11-12 शुचि, शुची, शुचीनि। संस्कृत में 8 शुचिनी हुआ और 11-12 केवल शुचीनि। शेष रूप पुं. के समान हैं। पु. 3 शुचिना ही संस्कृत तक आया।

अरि 6 अर्य:, ऊति 4 ऊत्यै (ऊत्या) वेदि 7 वेदी।

16. मधु के रूप पु. स्त्री. में

	पु.	स्त्री.
1	मधु:	मधु:
2	मधुम्	मधुम्
3	मध्वा मधुना	मध्वा
4	मधवे	मधवे
5	मधो:	मधो:
6	मधो: मध्व:	मधो:
7	मधवि मधौ	मधवि मधौ
8	मधू	मधू
9	-	-
10	मध्वो:	मध्वो:
11	मधव:	मधव:
12	मधून्	मधू:
13	मधुभि:	मधुभि:
14-15	मधुभ्य:	मधुभ्य:
16	मधूनाम्	मधूनाम्
17	मधुषु	मधुषु
18	मधो	मधो

मधु के न. रूप

1-2 मधु 8 मध्वी 11-12 मधु मधू मधूनि। संस्कृत में 8 मधुनी हुआ। 10-11 पर केवल मधूनि रहा। 4. मधुने 5-6 मधुनः 7. मधुनि, लेकिन वेद में 4. मधवे मध्वे 5. मधोः मध्वः 6. मधोः 7. मधौ मधवि भी थे।

कुछ शब्द कुछ रूपों में अनियमित हैं-

पति 4. पत्यै 6. पत्युः 7. पत्यौ, लेकिन नृपति आदि समस्त शब्द नियमित हैं।

सखि 1. सखा 2. सखायम् 3. सख्या 4. सख्ये 5-6 सख्युः 8. सखायौ सखाया 11. सखायः

अरि 2. अर्यम् अरिम् 6. अर्यः 11-12 अर्यः।

अस्थि, सक्थि, अक्षि, दधि, पांच रूप (1-2, 8, 11) से आगे अस्थन्, सक्थन्, अक्षन्, दधन् हो जाता है। वेद में इनके सबल रूप भी हैं।

स्त्री.	देवी	तनू
1	देवी	तनूः
2	देवीम्	तन्वम्
3	देव्या	तन्वा
4	देव्यै	तन्वे
5-6	देव्याः	तन्वः
7	देव्याम्	तन्वि, तनू
8	देवी	तन्वा
9	देवीभ्याम्	तनूभ्याम्
10	देव्योः	तन्वोः
11	देवीः	तन्वः
12	देवीः	तन्वः
13	देवीभिः	तनूभिः
14-15	देवीभ्यः	तनूभ्यः
16	देवीनाम्	तनूनाम्
17	देवीषु	(तनूषु)
18	देवि	तनु

संस्कृत तक आते-आते इकारान्त और उकारान्त स्त्री. शब्द 4-7 पर ईकारान्त और ऊकारान्त की तरह भी चलने लगे। इसलिये संस्कृत में 4. धेनवे भी है और धेन्वै भी, 5. मतेः भी है और मत्याः भी।

18. कर्तृवाचक पु. दातृ तथा संबंध वाचक पु. पितृ स्त्री. मातृ

1	दाता	पिता	माता
2	दातारम्	पितरम्	मातरम्
3	दात्रा	पित्रा	मात्रा
4	दात्रे	पित्रे	मात्रे
5-6	दातुः	पितुः	मातुः
7	दातरि	पितरि	मातरि
8	दातारौ,-रा	पितरौ,-रा	मातरौ,-रा
9	दातृभ्याम्	पितृभ्याम्	मातृभ्याम्
10	दात्रोः	पित्रोः	मात्रोः
11	दातारः	पितरः	मातरः
12	दातृन्	पितृन्	मातृः
13	दातृभिः	पितृभिः	मातृभिः
14-15	दातृभ्यः	पितृभ्यः	मातृभ्यः
16	दातृणाम्	पितृणाम्	मातृणाम्
17	दातृषु	पितृषु	मातृषु
18	दातः	पितः	मातः

भर्तृ यद्यपि संबंधवाचक है, पर इसके रूप दातृ के समान होते हैं। वैसे ही स्वसृ भी। वेद में संबंध और कर्तृत्व मिलाजुला है।

यद्यपि शिलष्टपदा के बहुवचन रूप नरस् से नृ शब्द की कल्पना हुई, पर यह अपने नये रूपों से सम्पूर्ण कारक में छा गया-1. (ना) 2. नरम् 3. (नरा) 4. नरे 5-6 नरः 7. नरि 8. नरा नरौ 9. (नृभ्याम्) 10. (नरोः) 11. नरः 12. नॄन् 13. नृभिः 14-15 नृभ्यः 16. नराम् नृणाम् 17. नृषु।

19. एकाक्षर स्वरान्त शब्द कुछ पु. हैं कुछ स्त्री., पर इसके कारण उनके रूपों में भेद नहीं हैं-

	जा	धी	भू	रै	गो	नौ
1	जाः	धीः	भूः	(राः)	गौः	नौः
2	जाम्	धियम्	भुवम्	राम्	गाम्	नावम्
3	जा	धिया	भुवा	राया	गवा	नावा

4	जे	धिये	भुवे	राये	गवे	(नावे)
5	जः	धियः	भुवः	रायः	गोः	(नावः)
6	जः	धियः	–	–	–	नावः
7	जि	धियि	भुवि	रायि	गवि	नावि
8	जौ जा	धियौ-या	भुवा	रायौ	गावौ-वा	नावोः)
9	जाभ्याम्	धीभ्याम्	भूभ्याम्	राभ्याम्	गोभ्याम्	(नौभ्याम्)
10	–	धियोः	भुवोः	रायोः	गवोः	(नावोः)
11	जाः	धियः	भुवः	रायः	गावः	नावः
12	–	–	–	–	गाः	–
13	जाभिः	धीभिः	भूमिः	राभिः	गोभिः	नौभिः
14-15	जाभ्यः	धीभ्यः	भूभ्यः	राभ्यः	गोभ्यः	नौभ्यः
16	जाम्	धीनाम्, धियाम्	भुवाम्	रायाम्	गवाम् गोनाम्	नावाम्
17	जासु	धीषु	भूषु	रासु	गोषु	नौषु

रै 2 रायम् (संस्कृत में)

जा 1, 2, 8, 11 छोड़कर अन्यत्र स्वर के पहले ज्-हो जाता है। धी का ई स्वर के पहले इय् हो जाता है। उसी तरह भू का ऊ उव्। संस्कृत में समस्त धी या भू के ई ऊ ऐसी ही अवस्था में य् व् भी होते हैं-प्रधीः प्रध्यम् प्रध्या, वर्षाभूः वर्षाभ्वम्, वर्षाभ्वा। वेद में जो रूप नहीं मिलते हैं वे संस्कृत में नियमतः बनने लगे। कुछ वैदिक रूप समाप्त भी हो गये। संयुक्ताक्षर के साथ वाले ई ऊ हमेशा इय् उव् ही में बदलते हैं।

20. एकाक्षर व्यंजनान्त शब्दों का सबसे महत्त्वपूर्ण रूप है पहला, जहाँ पर संस्कृत के 33 व्यंजन निम्नलिखित किसी आठ व्यंजन में बदल जाते हैं-क् ट् त् प्, ङ् न् म् विसर्ग। सामान्यतः च् कुछ ज् श् ह् तो क् में बदलते हैं। लेकिन कुछ ज् श् ह् बदलते हैं ट् में। त् थ् द् ध् केवल त् में और प् भ् केवल प् में बदलते हैं। यही क् ट् त् प् विभक्ति के भ के पहले ग् ड् द् ष् ही जाते हैं, और 17 पर क् र् के बाद सु ही षु हो जाता है।

प्रत्यञ्च्+स् आदि में स् तो लुप्त ही हो जाता है, पर पूर्ववर्ती चवर्ग कवर्ग में बदल जाता है-प्रत्यङ्क्। फिर अन्तिम क् लुप्त हो जाता है। इसी कारण, कभी-कभी, प्रत्यङ् के बाद क् चला आता है-प्रत्यङ् क् शेते।

महान्त्+स् आदि में भी 'स् लुप्त हो जाता है, फिर महान्त् का त् भी लुप्त हो जाता है। सन्धि में स के पहले फिर वही लुप्त त् चला आता है-गच्छन्+सहसा = गच्छन्त्सहसा।

	वाच्	राज्	हृद्	ककुभ्
1	वाक्	राट्	हृत्	ककुप्
2	वाचम्	राजम्	हृदम्	ककुभम्
3	वाचा	राजा	हृदा	ककुभा
4	वाचे	राजे	हृदे	ककुभे
5-6	वाचः	राजः	हृदः	ककुभः
7	वाचि	राजि	हृदि	ककुभि
8	वाचौ वाचा	राजौ	हृदौ	ककुभौ
9	वाग्भ्याम्	राड्भ्याम्	हृद्भ्याम्	ककुब्भ्याम्
10	वाचोः	राजोः	हृदोः	ककुभोः
11-12	वाचः	राजः	हृदः	ककुभः
13	वाग्भिः	राड्भिः	हृद्भिः	ककुब्भिः
14-15	वाग्भ्यः	राड्भ्यः	हृद्भ्यः	ककुब्भ्यः
16	वाचाम्	राजाम्	हृदाम्	ककुभाम्
17	वाक्षु	राट्सु	हृत्सु	ककुप्सु

अप् के 1, 8, 11, 2 रूप सबल होते हैं- आप् आपौ आपः आपम्। भ के पहले प् द् हो जाता है-अद्भिः।

पद् भी इन पाँच रूपों में सबल होते हैं-

पात् पादौ पादः पादम्। संस्कृत में पादम् को देखकर अकारान्त पाद-का सूत्रपात हुआ।

	द्वार्	पुर्	दिश्	विश्	द्विष्
1-18	द्वाः	पूः	दिक्	विट्	द्विट्
2	द्वारम्	पुरम्	दिशम्	विशम्	द्विषम्
3	द्वारा	पुरा	दिशा	विशा	द्विषा
4	द्वारे	पुरे	दिशे	विशे	द्विषे
5-6	द्वारः	पुरः	दिशः	विशः	द्विषः
7	द्वारि	पुरि	दिशि	विशि	द्विषि
8	द्वारौ	पुरौ	दिशौ	विशौ	द्विषौ

9	द्वार्भ्याम्	पूर्भ्याम्	दिग्भ्याम्	विड्भ्याम्	द्विड्भ्याम्
10	द्वारो:	पुरो:	दिशो:	विशो:	द्विषो:
11-12	द्वार:	पुर:	दिश:	विश:	द्विष:
13	द्वार्भि:	पूर्भि:	दिग्भि:	विड्भि:	द्विड्भि:
14-15	द्वार्भ्य:	पूर्भ्य:	दिग्भ्य:	दिड्भ्य:	द्विड्भ्य:
16	द्वाराम्	पुराम्	दिशाम्	विशाम्	द्विषाम्
17	द्वार्षु	पूर्षु	दिक्षु	विट्सु	द्विट्सु

एकाक्षर व्यंजनान्त न. शब्दों का 11-12 रूप सबल होता है-भाज्: भाक् भाजी भांजि। दोस् से दो: दोषी दोंषि।

यद्यपि हन् एकाक्षर है, पर वृत्र-हन् के रूप इस प्रकार हैं:

1. वृत्र-हा 8. वृत्र-हणौ 11. वृत्रह्ण:

2. वृत्र-हणम् 12. वृत्रध्न:

18. कृत्रहन् 17. वृत्रहसु

12. वृत्रध्न: 3. वृत्रध्ना 4 वृत्रध्ने 5-6 वृत्रध्न: 7 वृत्रध्नि में न् विचारणीय है। णत्व होना चाहिये थ। शायद वृत्र का र समास के दूसरे भाग को प्रभावित नहीं कर सका।

	मास्	आ शिष्	लिह्	दुह्
1-18	मा:	आशी:	लिट्	धुक्
2	मासम्	आशिषम्	लिहम्	दुहम्
3	मासा	आशिषा	लिहा	दुहा
4	मासे	अशिषे	लिहे	दुहे
5-6	मास:	आशिष:	लिह:	दुह:
7	मासि	आशिषि	लिहि	दुहि
8	मासौ	आशिषौ	लिहौ	दुहौ
9	माद्भ्याम्	आशीर्भ्याम्	लिड्भ्याम्	धुग्भ्याम्
10	मासो:	आशिषो	लिहो:	दुहो:
11-12	माद्भि:	आशीर्भि:	लिड्भि:	धुग्भि:
13	माद्भ्य:	आशीर्भ्य:	लिड्भ्य:	धुग्भ्य:
14-15	मासाम्	आशिषाम्	लिहाम्	दुहाम्
16	मा:सु	आशी:षु	लिट्सु	धुक्षु

मास् का स् भ के पहले द् हो जाता है-माद्भि:।

सह् के सबल रूप

1. साट् (षाट्) 2. साहम् 8. साहौ साहा 11. साह: 9. साड्भ्याम् 17. साट्सु।

अबल रूप - 3 सहा 4. सहे 5-6 सह: 7. सहि 11. साह: 12 सह: 14. सड्भ्य: 16. सहाम्।

वह् के रूप और भी अनियमित हैं-

1. अनड्-वान् 8. अनड्वाहौ 11. अनड्वाह:

2. अनड्वाहम् 12. अनडुह: 13. अनडुद्भि:

17. अनुडुत्सु।

यहाँ एकाक्षर शब्द भी सबल, अबल और मध्यम रूप वाले हो जाते हैं।

21. अनेकाक्षर व्यंजनान्त शब्दों के दो वर्ग हैं- कुछ शब्दों के 1, 2, 8, 11 रूप सबल होते हैं, शेष अबल।

कुछ शब्दों के 1, 2, 8, 11 रूप तो सबल हैं ही, 12, 3-7, 10, 16 रूप (स्वरादि विभक्तियों के पहले) अबल होते हैं, शेष रूप (व्यंजनादि विभक्तियों के पहले) मध्यम। अत् और यस् भागान्त शब्दों के रूप सबल और अबल होते हैं।

अन्, वस् और अञ्च् भागात शब्दों के रूप सबल, अबल और मध्यम होते हैं।

22. सबल और अबल रूप वाले शब्द

	अदत्	कनीयस्
1	अदन्	कनीयान्
2	अदन्तम्	कनीयांसम्
3	अदता	कनीयसा
4	अदते	कनीयसे
5-6	अदत:	कनीयस:
7	अदति	कनीयसि
8	अदन्तौ,-न्ता	कनीयासौ,-सा
9	अदद्भ्याम्	कनीयोभ्याम्
10	अदतो:	कनीयसो:
11	अदन्त:	कनीयांस:

12	अदत:	कनीयस:
13	अदद्भि:	कनीयोभि:
14-15	अदद्भ्य:	कनीयोभ्य:
16	अदताम्	कनीयसाम्
17	अदत्सु	कनीय:सु

न. रूप 1-2 अदत् 8. अदती 11-12 अदन्ति। अन्य रूप पुं. के समान होते हैं। कनीयस् के भी रूप न. में इस प्रकार हैं-1-2 कनीय: 8. कनीयसी 11-12 कनीयांसि।

महत् के सबल रूप कुछ अधिक सबल होते हैं-1. महान् 8. महान्तौ 11. महान्त: 2. महान्तम्। न. में 1-2 महत् 8. महती 11-12 महान्ति।

जो अत्-भागान्त शब्द धातुओं के दुहराने से बने हैं उनके पु. सबल रूपों में न् नहीं रहता-ददत् 1. ददत् 8. ददतौ 11. ददत: 2. ददतम्। न. में तो रहता है-1-2 ददत् 8. ददती 11-12 ददन्ति। न. जगत् के रूप 1-2 जगत् 8. जगती 11-12 जगन्ति।

भवत् का रूप तो अदत् की तरह ही होता है, लेकिन शतपथ ब्राह्मण में इसका 1 रूप भवान् होता है और 'आप' के अर्थ में प्रयुक्त होता है। उसके पहले 'आप' के लिये भी त्वम् ही होता था। 18 भव: (सिकुड़कर भो:)।

गोमत् के रूप भी ठीक इसी प्रकार होते हैं पर 1. पर दीर्घ आ होता है: 1 गोमान् 8 गोमन्तौ 11 गोमन्त: 2. गोमन्तम् 3. गोमता 9 गोमद्भ्याम 17 गोमत्सु 18 गोमन्, गोम: न. 1-2 गोमत् 8 गोमती 11-12 गोमन्ति।

वत् भागान्त का 18 = वस् भगव:

इन् मिन् विन् भागान्त शब्द भी 1 पर सबल होते हैं। व्यंजनादि विभक्ति के पहले न् लुप्त हो जाता है-

हस्तिन् के रूप

1. हस्ती	8. हस्तिनौ	11-12. हस्तिन:
2. हस्तिनम्		
3. हस्तिना	9. हस्तिभ्याम्	13 हस्तिभि:
4. हस्तिने		14-15. हस्तिभ्य:
7. हस्तिनि	10. हस्तिनो:	17. हस्तिषु

अस् इस् उस् भागान्त शब्द प्राय: न. हैं। मनस् हविस् आयुस् के रूप-

1-2	मन:	8 मनसी	11-12 मनांसि
	हवि:	हविषी	हवींषि
	आयु:	आयुषी	आयूंषि
3	मनसा	9 मनोभ्याम्	13 मनोभि:
	हविषा	हविर्भ्याम्	हविर्भि:
	आयुषा	आयुर्भ्याम्	आयुर्भि:
7	मनसि	10 मनसो:	मन:सु
	हविषि	हविषो:	हवि:षु

पुं वेधस् 1. वेधा:।

23. सबल, अबल और मध्यम

तीन रूप वाले शब्द

	राजन्	विद्वस्	प्रत्यञ्च्
1	राजा	विद्वान्	प्रत्यङ्
2	राजानम्	विद्वांसम्	प्रत्यञ्चम्
3	राज्ञा	विदुषा	प्रतीचा
4	राज्ञे	विदुषे	प्रतीचे
5-6	राज्ञ:	विदुष:	प्रतीच:
7	राजनि, राजन्	विदुषि	प्रतीचि
8	राजानौ,-ना	विद्वांसौ	प्रत्यञ्चौ:
9.	राजभ्याम्	विद्वद्भ्याम्	प्रत्यङ्भ्याम्
10	राज्ञो:	विदुषो:	प्रतीचो:
11	राजान:	विद्वांस:	प्रत्यञ्च:
12	राज्ञ:	विदुष:	प्रतीच:
13	राजभि:	विद्वद्भि:	प्रत्यग्भि:
14-15	राजभ्य:	विद्वद्भ्य:	प्रत्यग्भ्य:
16	राज्ञाम्	विदुषाम्	प्रतीचाम्
17	राजसु	विद्वत्सु	प्रत्यक्षु
18	राजन्	विद्वन्, विद्व:	प्रत्यङ्

प्रत्यञ्च् न. 1-2 प्रत्यक् 8 प्रतीची 11-12 प्रत्यञ्चि 9 पु. प्रत्यङ्भ्याम् अलौकिक रूप है। मध्यम रूपों में तो प्रत्यग् ही रहता है।

चकृवस् अबल रूपों में चक्रुष्, मध्यम रूपों में चकृवत्। 18 चकृवः।

जग्मिवस् का इ अबल रूपों में हट जाता है-जग्मुष्।

अहन् न. 1-2 अहः (न् के र् में बदलने की रीति पुरानी है) 8 अहनी 11-12 अहानि। संस्कृत में स्वरादि विभक्तियों के पहले अहन् अह्न् हो जाता है तथा व्यंजनादि विभक्तियों के पहले यह अहः रहता है 13. अहोभिः, 16 अहःसु, 8 अह्नी भी।

ग्रावन् अबल रूपों में ग्राव्ण्, मध्यम ग्राव-। संयुक्त व्यंजन वालों का अ लुप्त नहीं होता-आत्मन् 1. आत्मा 8. आत्मानौ 11. आत्मानः 2. आत्मानम् 12. आत्मनः।

कुछ अन् भागान्त शब्दों के सबल रूपों में भी दीर्घ स्वर नहीं होता, कुछ में ह्रस्व दीर्घ दोनों होते हैं-

योषन्	1. योषा	8. योषणौ	11. योषणः
वृषन्	वृषा	वृषणौ	वृषणः
		वृषाणौ	वृषाणः

श्वन्, युवन् और मघवन् के अबल रूप शुन्, यून् और मघोन् से बनते हैं:

1.	श्वा	युवा	मघवा
8.	श्वानौ	युवानौ	मघवानौ
11.	श्वानः	युवानः	मघवानः
2.	श्वानम्	युवानम्	मघवानम्
12.	शुनः	यूनः	मघोनः
3	शुना	यूना	मघोना
9	श्वभ्याम्	युवभ्याम्	मघवभ्याम्
13	श्वभिः	युवभिः	मघवभिः

पन्थन् के पूरे रूप और कई शब्दों के योग से बने हैं (पन्था- पथ्- पथि)

1. पन्थाः	8. पन्थानौ	11 पन्थानः
2. पन्थानम्		12. पथः
3. पथा	9. पथिभ्याम्	13. पथिभिः

पुम् के रूप पुमांस्, पुंस् तथा पुम् से बनते हैं।

1. पुमान्	8. पुमांसौ	11. पुमांसः
2. पुमांसम्		12 पुंसः
3 पुंसा	9 पुम्भ्याम्	13 पुंभिः
7 पुंसि	10 पुंसोः	17 पुंसु

24. सर्वनाम

	उत्तम पु.	मध्यम पु.	**प्रथम पु.**
1	अहम्	त्वम्	**के**
2	माम् मा	त्वाम् त्वा	**सर्वनामों में**
3	मया	त्वा त्वया	**लिंग भेद**
4	मह्य (म्) मे	तुभ्यम् ते	**होता है।**
5	मत्	त्वत्	**न. के रूप**
6	मम मे	तव ते	**पु. से केवल**
7	मयि	त्वयि त्वे	**1-2, 8 और 11-12 में भिन्न होते हैं**
8	वाम् आवम् (क) आवाम् (ख) नौ	युवम् (क) युवाम् (ख) वाम्	
9	आवाभ्याम् आवद्	युव (वा) भ्याम् युवद्	
10	आवयोः	युवोः युवयोः	
11	वयम्	यूयम्	
12	अस्मान् नः	युष्मान् वः	
13	अस्माभिः		
14	अस्मभ्यम् अस्मे	युष्मभ्यम्	
15	अस्मत्	युष्मत्	
16	अस्माकम्	युष्माकम्	
17	अस्मासु अस्मे	युष्मासु युष्मे	

उत्तम पुरुष और मध्यम पुरुष सर्वनाम के रूप 8 पर कर्ता के लिये (क) अलग हैं और कर्म के लिये अलग (ख)। संस्कृत में ख रूप ही दोनों

के लिये रहे।

उत्तम और मध्यम पुरुष सर्वनाम में लिंगभेद नहीं है, लेकिन युष्मान् का स्त्री. युष्माः एकाध बार आया है।

9 रूप केवल अपादान के लिये दीखता है, सम्प्रदान और करण के लिये नहीं।

संस्कृत में तो समास के पूर्वपद के रूप में मत् अस्मत् तथा त्वत् युष्मत् हैं लेकिन वेद में अन्तिम त् नहीं है: त्वत्+दत्त = त्वादत्त।

	पु. न.	स्त्री.	पु. न.	स्त्री.	पु. न.	स्त्री.
1	सः तत्	सा	अयम् इदम्	इयम्	असौ अदः	असौ
2	तम ''	ताम्	इमम् ''	इमाम्	अमुम् ''	अमूम्
3	तेन	तया	एना	अनया	अमुना	अमुया
4	तस्मै	तस्यै	अस्मै	अस्यै	अमुष्यै	अमुष्यै
5	तस्मात्	तस्याः	अस्मात्	अस्याः	अमुष्मात्	अमुष्याः
6	तस्य	''	अस्य	अस्याः	अमुष्य	''
7	तस्मिन्	तस्याम्	अस्मिन्	अस्याम्	अमुष्मिन्	अमुष्याम्
8	तौ	ते	इमौ–मा	इमे		अमू
9				ताभ्याम्	आभ्याम्	अमूभ्याम्
10				तयोः	अनयोः	अमुयौः
11	ते तानि	ताः	इमे इमानि	इमाः	अमी अमू(नि)	अमूः
12	तान्	''	''	इमान्	अमून् ''	'' ''
13	तैः तेभिः	ताभिः	एभिः	आभिः	अमीभिः	अमूभिः
14–15	तेभ्यः	ताभ्यः	एभ्यः	आभ्यः	अमीभ्यः	अमूभ्यः
16	तेषाम्	तासाम्	एषाम्	आसाम्	अमीषाम्	अमूषाम्
17	तेषु	तासु	एषु	आसु	अमीषु	अमूषु

वेद में अनया की जगह अया भी है।

त के समान ही एत के रूप होते हैं। संस्कृत में 3 एना की जगह अनया, 10 अयोः की जगह अनयोः। अयम् के अनुदात्त रूप एन से बनते हैं–2. एनम् एनाम् एनत् 8. एनौ एने 12, एनम् एनाः 3. एनेन 10 एनोः एनयोः

प्रश्नवाचक सर्वनाम क का किम् न. 1–2 किम् 8. के 11–12 का कानि।

संबंधवाचक य या यत् न. 11-12 या यानि अन्य 1. अन्यत् 8 अन्ये 11-12 अन्या (नि)।

26. संख्याओं में 1 से 4 तक लिंग भेद होता है।

एक

	पु.		न.	स्त्री.
1	एकः		1-2 एकम्	एका
2	एकम्			एकाम्
3		एकेन		एकया
4		एकस्मै		एकस्यै
5		एकस्मात्		एकस्याः
6		एकस्य		''
7		एकस्मिन्		एकस्याम्

द्व

8	द्वा द्वौ	द्वे	द्वे
9		द्वाभ्याम्	
10		द्वयोः	

त्रि चतुर्

11	त्रयः चत्वारः 11-12 त्रीणि चत्वारि 11-12 तिस्रः चतस्रः	
12	त्रीन् चतुरः	
13	त्रिभिः चतुर्भिः	तिसृभिः चतसृभिः
14-15	त्रिभ्यः चतुर्भ्यः	तिसृभ्यः चतसृभ्यः
16	त्रीणाम् त्रयाणम् चतुर्णाम्	तिसृणाम् चतसृणाम्
17	त्रिषु चतुर्षु	तिसृषु चतसृषु

संस्कृत में तिसृणाम् की जगह तिसणाम् भी।

समास में द्वि तथा चतुर्-ही रहता है-द्विगु, चतुर्गुण 1-तीय प्रत्यय के

पहले त्रि तृ हो जाता है-तृतीय:।

अथर्ववेद में त्रितन की जगह तृतन है।

अन्य संख्याओं के रूप केवल बहुवचन में तीनों लिंगों में एक जैसे होते हैं,

	5	6	7	8	9	10
11-12	पंच	षट्	सप्त अष्टा	अष्टौ	नव	दश
13	पंचभि:	षड्भि:	सप्तभि:	अष्टाभि:	नवभि:	दशभि:
14-15	पंचभ्य:	षड्भ्य:	सप्तभ्य:	अष्टाभ्य:	नवभ्य:	दशभ्य:
16	पंचानाम्	(षण्णाम्)	सप्तानाम्	अष्टानाम्	नवानाम्	दशानाम्
17	पंचषु	षट्सु	सप्तसु	अष्टासु	नवसु	दशसु

संस्कृत वैयाकरणों ने इन संख्याओं के आगे न् लगाया, अन्यथा पंचभि: सप्तभ्य: इत्यादि सिद्ध नहीं होते। पर हम जानते हैं कि इन संख्याओं का जन्म कैसे हुआ है। संस्कृत में अष्ट से भी कई रूप हैं।

11 एकादश	12 द्वादश	13 त्रयोदश
16 षोडश	18 अष्टादश	20 विंशति
30 त्रिंशत्	40 चत्वारिंशत्	50 पंचाशत्
60 षष्टि	70 सप्तति	80 अशीति
90 नवति	100 शतम्	1000 सहस्रम्
10,000 अयुतम्		100000 नियुत
1000000 प्रयुत		10000000 अर्बुद
100000000 न्यर्बुद।		

कुछ दशकों के पहले द्वा-रहता है, कुछ के पहले द्वि, कुछ के पहले दोनों-द्वाविंशति द्विचत्वारिंशत्। अष्ट भी ऋग्वेद में अष्टा, अन्यत्र अष्ट।

पूरणी संख्या-प्रथम द्वितीय तृतीय चतुर्थ षष्ठ पंचम सप्तम अष्टम नवम दशम एकादश द्वादश विंश विंशतितम त्रिंश चत्वारिंश पंचाश षष्ट षष्टितम।

सप्तम अध्याय

धातु रूप : काल और अर्थ

27. हमने देखा कि किस प्रकार प्राक्संस्कृत में अनेक प्रकार के क्रियारूप विकसित हो गये थे। विकास की काफी ऊँचाई पर वह समाज बिखरा होगा, क्योंकि इसकी झलक थोड़ी बहुत सभी भाषाओं में दिखायी देती है। वैदिक भाषा सबसे अधिक सुलझी हुई दिखाई देती है।

तीन पुरुष थे-प्रथम पुरुष, मध्यम पुरुष और उत्तम पुरुष।

तीन वचन थे - एकवचन, द्विवचन और बहुवचन।

भाषा के इतिहास में भूतकाल की उत्पत्ति पहले हुई थी। इसलिये इनके रूप अधिक समृद्ध हैं। वैदिक काल तक आते-आते इसके कई भेद-उपभेद सामने आ चुके थे। वर्तमान काल बाद में विकसित हुआ, पर इसके रूप भी खूब फूले-फले हैं। भविष्य का विकास बहुत बाद में हुआ, पर यह आगे भी चलता रहा और कुछ लोगों की आँखों में धूल भी झोंकता रहा, क्योंकि इसका प्रयोग भूतकाल के लिये भी होता था। गौरांग महाप्रभु पार्जिटर साहब इसके रहस्य को अन्त तक नहीं समझ पाये। आगे चलकर तो इसने एक भविष्यात्मक भूत नाम का अर्थ पैदा किया।

वेद में अर्थों का विकास आँधी की तरह हुआ। सबसे पहले, पृथक्पदा सीढ़ी पर ही, तथाकथित विध्यर्थ उभरा था। युक्तपदा सीढ़ी पर तो आज्ञार्थ अपने विशिष्ट प्रत्यय के साथ आ रहा था। भूतकाल के रूपों से अ आगम हटने पर श्लिष्टपद सीढ़ी पर सबसे पहले विनियोगार्थ उभरा। इसके बाद विध्यर्थ और अन्त में इच्छार्थ विकसित हुआ। वैदिक भाषा के सन्ध्याकाल में कुछ अन्य काल और अर्थ भी विकसित हुए पर उनका फैलाव ज्यादा नहीं हुआ। लौकिक संस्कृत के पदार्पण के समय विध्यर्थ जा चुका था, लेकिन इसके उत्तम पुरुष वाले रूपों को आज्ञार्थ ने अपना लिया, क्योंकि वेद में आज्ञार्थ में उत्तम पुरुष नहीं था। विनियोगार्थ (अ-आगमरहित भूतकाल) के रूप केवल मा के साथ रह गये (मा भवत्, मा भूत्, मा गाः)।

क्रिया रूपों के तीन अवयव हैं। इनके अन्तिम अवयव को विभक्ति

कहते हैं, जिनके कारण ही हम क्रियारूपों को पहचान पाते हैं। विभक्ति से पहले वाले अवयव को आधार या अंग कहते हैं, जो प्रायः बाहर से आये हुए तत्त्व हैं। पहला अवयव धातु या क्रिया कहलाता है, जो उसके तात्पर्य का बोधक है। क्रियारूपों के मुख्य अवयव हैं धातु और विभक्ति।

वैदिक काल तक निम्नलिखित नौ अंग स्थिर हो चुके थे-

1. भव- भर- जय- नय
2. तुद- पृछ- ऋछ
3. दीव्य- युध्य
4. तनो- मनो- सनो- करो
5. सुनो- कृणो
6. क्रीणा- पुना
7. रुणध्- युनज्- भुनज्
8. दधा- ददा
9. ए- वा- या

भव के अन्तिम अ को हटाकर उसके पहले वाले अव् को ओ का फैला हुआ रूप मानकर और फिर भो को उदात्त के कारण उ का गुण रूप मानकर भू, तथा इसी प्रकार जि नी भृ धातुओं की कल्पना कर ली गयी थी।

धातु यद्यपि मूलतः भु था, जो आज भी 'अद्‌भुत' में है, पर उससे उत्पन्न भूति, भूमि, भू आदि शब्दों के कारण यह भू के ही रूप में मान्य हुआ। भू आदि धातुओं का एक बहुत बड़ा गण है जिसे भ्वादि गण कहते हैं।

ति विभक्ति के पहले अ अंग वाले क्रियारूपों के प्रथम अक्षर पर यदि उदात्त पाया गया तो वह भ्वादि गण का माना गया। जैसे भवति, गछति इत्यादि। लेकिन उदात्त यदि दूसरे अक्षर पर पाया गया, जिस कारण पहले अक्षर पर ह्रस्व स्वर थे, तो उन धातुओं को तुदादि गण में रखा गया। जैसे-तुदति, रिखति। उदात्त के ही कारण प्राक्संस्कृत का रछति ऋछति, प्रछति पृछति हो गया था। य से बने हुए अंगों में उदात्त यद्यपि धातु पर ही हैं, पर वे भी गुण अवस्था में नहीं होते-दीव्यति, युध्यति। ये धातु दिवादि गण के कहे जाते हैं।

कर्मवाच्य

स्वरूप में दिवादि गण से मिलते-जुलते और केवल आत्मने पद विभक्ति धारण करने वाले कर्मवाच्य के अंग होते हैं, जो धातुओं के बाद उदात्त स्वर वाले -य- के जोड़ने से बनते हैं। दिवादि गण में धातु पर उदात्त होता है, लेकिन कर्म वाच्य में -य- प्रत्यय पर:

दीव्यति विद्यते - गम्यते भूयते

इस उदात्त-य- के लगने पर धातुओं में कुछ परिवर्तन होते हैं-

धातु का अन्तिम आ ई में बदल जाता है-पा पीय-, धा धीय-।

धातु का अन्तिम इ उ स्वर दीर्घ हो जाता है-जि जीय-, स्तु स्तूय-।

धातु का अन्तिम ऋ रि में बदल जाता है - कृ क्रिय-

धातु का अन्तिम ॠ ईर् या ऊर में बदल जाता है-कॄ कीर्य, पॄ पूर्य-। लेकिन संयुक्ताक्षर स्मृ से स्मर्य-।

धातुओं का मध्यवर्ती अनुनासिक लुप्त हो जाता है- भञ्ज् भज्य-।

कुछ धातुओं में सम्प्रसारण होता है-वच् उच्य-, यज् इज्य-, ग्रह् गृह्य।

कुछ अनियमित हैं-तन् तन्य- ताय-, खन् खाय।

अन्यत्र कर्मवाच्य के विशेष अंग नहीं होते। आत्मनेपद विभक्तियों से ही कर्मवाच्य बनता है।

भ्वादि, दिवादि और तुदादि गण के धातुओं के अंग (भव, दीव्य, तुद आदि) तथा कर्मवाच्य अकारान्त हैं। अतः इन्हें अ-वर्ग में रखा गया।

तन् आदि केवल चार धातुओं के अंग ति आदि सबल कहलाने वाली कुछ विभक्तियों के पहले ओ से बनते हैं, जो अन्यत्र (अबल कहलाने वाली विभक्तियों के पहले) उ हो जाते हैं या लुप्त भी हो जाते हैं। इस गण को तनादि कहते हैं। बाद में कर् भी इसी गण में आ गया।

सु आदि धातुओं के अंग नो से बनते हैं, जो अबल विभक्तियों के पहले नु या न् भी हो जाते हैं। इसे स्वादि गण कहते हैं।

रुध्, युज्, भुज् आदि कुछ व्यंजनान्त धातुओं के बीच में न डालकर सबल अंग बनाया जाता है, जो अबल विभक्तियों के पहले केवल न् रह जाता है। इसे रुधादि गण कहते हैं।

जिन धातुओं के अंग दुहराने से बनते हैं, जैसे दधाति, ददाति, जुहोति, इत्यादि उन्हें जुहोत्यादि गण में रखा है।

कुछ धातुओं के बाद विभक्ति सीधे जोड़ दी जाती है-याति, वाति इत्यादि। ये अदादि गण के कहे जाते हैं।

28. धातुओं के दुहराने को अभ्यास कहते हैं। अभ्यास के कुछ सामान्य और विशेष नियम हैं। सामान्य नियम ये हैं-

1. धातु का पहला अक्षर ही दुहराता है-बुध्, बुबुध, विद् विविद्।

2. संयुक्त व्यंजन का पहला वर्ण ही दुहराता है-प्लु पुप्लु।

3. लेकिन पहला वर्ण यदि श् ष् स् हो तो दूसरा दुहराता है-स्पन्द् पस्पन्द्, स्तन् तस्तन्।

4. पहले अक्षर पर कवर्ग की जगह चवर्ग आ जाता है-क्रन्द् चक्रन्द, गम् जगम्।

5. पहले अक्षर पर महाप्राण की जगह अल्पप्राण रहता है-खन् चखन् घस् जघस्।

6. ह की जगह पहले अक्षर पर ज होता है-हस् जहस्, हु जुहु।

7. दीर्घ स्वर की जगह पहले अक्षर पर ह्रस्व स्वर होता है-धा दधा, दा ददा।

जुहोत्यादि गण के लिये विशेष नियम है कि पहले अक्षर पर ऋ की जगह इ होता है-भृ बिभृ।

अ-वर्ग से भिन्न ये छह गण विषम वर्ग के कहे जाते हैं। धातुओं के ये नौ गण (लट्) वर्तमान काल के साथ सामान्यभूत आज्ञार्थ (लोट्) विध्यर्थ (लेट्) और इच्छार्थ (लिङ्) से संबद्ध होने के कारण वर्तमान अंग या सार्वधातुक कहलाते हैं।

व्याकरण की दृष्टि से धातुओं का गण विभाजन तो बता दिया गया है पर यह बात याद रखें कि वेद में कोई धातु किसी खास गण से ही संबद्ध नहीं है।

कृ (करना) का आरंभ तो स्वादि गण के धातु से हुआ-कृणोति कृणुतः कृण्वन्ति, इत्यादि। लेकिन संस्कृत तक आते-आते यह तनादि गण में सिमट गया-करोति कुरुतः कुर्वन्ति।

बहुत से धातुओं ने वेद में ही अपना गण बदल लिया।

जि स्वादि गण के अनुसार जिनोति जिनुतः जिन्वन्ति से चला लेकिन जिन्वन्ति रूप के आधार पर जिन्वति की भी कल्पना हो गयी।

इसलिये पाणिनि ने मोटामोटी रूपसे कई बार कह दिया है-बहुलं छन्दसि। व्यत्ययो बहुलम्।

कर्मवाच्य के लिये सार्वधातुक आधार -य द्वारा बनाया जाता है-स्तु स्तूयते। लेकिन ऋग्वेद में आत्मने पद विभक्ति ही पर्याप्त है-स्तवते = स्तूयते।

अ-वर्ग के लिये वर्तमान (लट्) भूत (लङ्) आज्ञार्थ (लोट्) विध्यर्थ (लेट्) और इच्छार्थ (लिङ्) की विभक्तियाँ परस्मैपद और आत्मनेपद में इस प्रकार हैं-

	परस्मैपद			आत्मनेपद		
	लट् वर्तमान काल					
	एकव.	द्विव.	बहु.	एकव.	द्विव.	बहु.
3	ति	तस्	न्ति	ते	इते	न्ते
2	सि	थस्	थ	से	इथे	ध्वे
1	मि	वस्	मस्	ए	वहे	महे
	लङ् भूतकाल					
3	त्	ताम्	न्	त	इताम्	न्त
2	स्	तम्	त	थास्	इथाम्	ध्वम्
1	म्	व	म	इ	वहि	महि
	लोट् आज्ञार्थ					
3	तु	ताम्	न्तु	ताम्	इताम्	न्ताम्
2	0	तम्	त	स्व	इथाम्	ध्वम्
	लेट् विध्यर्थ					
3	अति, अत्	अतस्	अन्	अते	ऐते	अन्ते
2	असि, अस्	अथस्	अथ	असे	ऐथे	अध्वे
1	आनि, आ	आव	आम	ऐ	आवहै	आमहै
	लिङ् इच्छार्थ					
3	ईत्	ईताम्	ईयुस्	ईत	ईयाताम्	ईरन्
2	ईस्	ईतम्	ईत्	ईथास्	ईयाथाम्	ईध्वम्
1	ईयम्	ईव	ईम	ईय	ईवहि	ईमहि

विध्यर्थ प्र. बहु. में अन्तै भी है; एकवचन प्र. में अतै और म. में असै

भी है। आज्ञार्थ मध्यम. एकवचन में तात् भी है।

विषम वर्ग के लिये वे ही विभक्तियाँ कहीं कहीं अलग हैं। वे इस प्रकार हैं-

	परस्मैपद			आत्मनेपद		
			लट् वर्तमान काल			
	एकव.	द्विव.	बहु.	एकव.	द्विव.	बहु.
3	ति	तस्	अन्ति	ते	आते	अते
2	सि	थस्	थ	से	आथे	ध्वे
1	मि	वस्	मस्	ए	वहे	महे
			लङ् भूतकाल			
3	त्	ताम्	अन्	त	आताम्	अत
2	स्	तम्	त	थास्	आथाम्	ध्वम्
1	अम्	व	म	इ	वहि	महि
			लोट् आज्ञार्थ			
3	तु	ताम्	अन्तु	ताम्	आताम्	अताम्
2	हि, धि.,	तम्	त	स्व	आथाम्	ध्वम्
			लेट् विध्यर्थ			
3	–	–	– पूर्ववत्–		–	–
2	–	–	–	–	–	–
1	–	–	–	–	–	–
			लिङ् इच्छार्थ			
3	यात्	याताम्	युस्	पूर्ववत्		
2	यास्	यातम्	यात			
1	याम्	याव	याम			

विषम वर्ग में निम्नलिखित विभक्तियाँ सबल हैं-परस्मैपद वर्तमान, भूत एकवचन, आज्ञार्थ प्रथम पु. एकवचन, तथा संपूर्ण विध्यर्थ। कुल पच्चीस विभक्तियाँ सबल हैं।

लेट् के संबंध में पाणिनि का सूत्र है-लेटोऽडाटौ। सामान्य रूप से इसका अर्थ है-लेट् विभक्ति के पहले कहीं अ रहता है कहीं आ। विशेष रूप से यह जानना चाहिए कि जहाँ ति के पहले अ है ही वहाँ आ हो जाता

है, लेकिन जहाँ ति के पहले दूसरा स्वर या व्यंजन है वहीं अ होता है।

भवति लट् का लेट् रूप होगा भवाति भवात्, दीव्यति का दीव्याति दीव्यात्, तुदति का तुदाति तुदात्, चोरयति का चोरयाति चोरयात्।

लेकिन एति लट् का लेट् रूप होगा ए+अति = अयति अयत्, अत्ति का अदति अदत्, जुहोति का जुहवति जुहवत्, सुनोति का सुनवति सुनवत्, रुणद्धि का रुणधति रुणधत्, इत्यादि।

यही नियम लिट् आधार से बने लेट् में होगा-विद् विविद् विविदत्, दिश् दिदिश् दिदेशत्, मुच् मुमुच् मुमोचति।

लुङ् में जहाँ आधार अ- है वहाँ आ होगा, अन्यत्र अ -विद् लुङ् अविदत् अविदः अविदम्, लुङ्+लेट् 3. विदाति विदात् 2. विदासि विदाः

लेकिन कृ लुङ् 3. अकः 2. अकः 1. अकरम्, लुङ्+लेट् 3. करति करत् 2, करसि करः 1. कराणि करा।

31. रूपावली

अ-वर्ग

भू धातु के भव-से ही दीव्य- और तुद- के रूप समझ में आ जायेंगे। अतः भू भव- के रूप प्रस्तुत हैं:

पर. आ.

लट् वर्तमान

3 भवति भवतः भवन्ति भवते भवेते भवन्ते

2 भवसि भवथः भवथ भवसे भवेथे भवध्वे

1 भवामि भवावः भवामः भवे भवावहे भवामहे

लङ् भूत

3 अभवत् अभवताम् अभवन् अभवत अभवेताम् अभवन्त

2 अभवः अभवतम् अभवत अभवथाः अभवेथाम् अभध्वम्

1 अभवम् अभवाव अभवाम अभवे अभवावहि अभवामहि

लोट् आज्ञार्थ

3 भवतु भवताम् भवन्तु भवताम् भवेताम् भवन्ताम्

2 भव भवतम् भवत भवस्व भवेथाम् भवध्वम्

लेट् विध्यर्थ

3	भवाति,-त्	भवातः	भवान्	भवाते	भवैते	भवान्ते
2	भवासि, -स्	भवाथः	भवाथ	भवासे	भवैथे	भवाध्वे
1	भवा (नि)	भवाव	भवाम	भवै	भवावहै	भवामहै

लिङ् इच्छार्थ

3	भवेत्	भवेताम्	भवेयु	भवेत	भवेयाताम्	भवेरन्
2	भवेः	भवेतम्	भवेत	भवेथाः	भवेयाथाम्	भवेध्वम्
1	भवेयम्	भवेव	भवेम	भवेय	भवेवहि	भवेमहि

विनियोगार्थ तो अ - आगम रहित भूतकाल ही है। संस्कृत में ये केवल मा के साथ देखे जाते हैं- मा भवत्, मा भवः, इत्यादि।

आज्ञार्थ मध्यम पु. एकवचन परस्मैपद भवतात् भी है। विध्यर्थ प्र. एक. में भवातै मध्य. एक. में भवासै भी है।

विषम वर्ग

अदादि गण इ (जाना) सबल ए- अबल इ- पर. ब्रू (बोलना) सबल ब्रो अबल ब्रू- आ.

लट्

3	एति	इतः	यन्ति	ब्रूते	ब्रुवाते	ब्रुवते
2	एषि	इथः	इथ	ब्रूषे	ब्रुवाथे	ब्रूध्वे
1	एमि	इवः	इमःइमसि	ब्रुवे	ब्रूवहे	ब्रूमहे

लङ्

3	ऐत्	ऐताम्	आयन्	अब्रूत	अब्रुवाताम्	अब्रुवत
2	ऐः	ऐतम्	ऐत	अब्रूथाः	अब्रुवाथाम्	अब्रूध्वम्
1	आयम्	ऐव	ऐम	अब्रूवि	अब्रूवहि	अब्रूमहि

लोट्

3	एतु	इताम्	यन्तु	ब्रूताम्	ब्रुवाताम्	ब्रुवताम्
2	इहि	इतम्	इत	ब्रूष्व	ब्रुवाथाम	ब्रूध्वम्

लेट्

3	अयति, अयत्	अयतः	अयन्	ब्रवते	ब्रवैते	ब्रवन्ते
2	अयसि अयः	अयथः	अयथ	ब्रवसे	ब्रवैथे	ब्रवध्वे
1	अया (नि)	अयाव	अयाम	ब्रवै	ब्रवावहै	ब्रवामहै

लिङ्

3	इयात्	इयाताम्	इयुः	ब्रुवीत	ब्रुवीयाताम्	ब्रुवीरन्
2	इयाः	इयातम्	इयात	ब्रुवीथाः	ब्रुवीयाथाम्	ब्रुवीध्वम्
1	इयाम्	इयाव	इयाम	ब्रुवीय	ब्रुवीवहि	ब्रुवीमहि

ब्रू स्वर के पहले ब्रुव् हो जाता है-ब्रू+ए = ब्रुवे।

स्वरादि धातु (जैसे इ) के पहले भूतकाल का आगम आ होता है और यहाँ आ + इ = ऐ, आ + उ = औ। इसीलिये आ + इ-ताम् = ऐताम्, आ + इ-अन् = आ-यन्। पहले धातु और विभक्ति जुटते है (इ+अन् = यन्)। तब आगम (आ+यन् = आयन्)।

33. जुहोत्यादि गण भृ सबल विभर् अबल विभृ-

लट् वर्तमान

3	विभर्ति	बिभृतः	बिभ्रति	बिभृते	बिभ्राते	बिभ्रते
2	बिभर्षि	बिभृथः	विभृथ	बिभृषे	बिभ्राथे	बिभृध्वे
1	बिभर्मि	बिभृवः	बिभृमः,-मसि	बिभ्रे	बिभृवहे	बिभृमहे

लङ् भूत

3	अबिभः	अबिभृताम्	अबिभरुः	अबिभृत	अबिभ्राताम्	अबिभ्रत
2	अबिभः	अबिभृतम्	अबिभृत	अबिभृथाः	अबिभ्रायाम्	अबिभृध्वम्
1	अबिभरम्	अबिभृव	अबिभृम	अबिभ्रि	अबिभृवहि	अबिभृमहि

लोट् आज्ञार्थ

3	बिभर्तु	बिभृताम्	बिभ्रतु	बिभृताम्	बिभ्राताम्	बिभ्रताम्
2	बिभृहि	बिभृतम्	बिभृत	बिभृष्व	बिभ्राथाम्	बिभृध्वम्

लेट् विध्यर्थ

3	विभरत्	बिभरतः	विभरन्	बिभरते	बिभरैते	बिभरन्त
2	बिभरः	बिभरथः	बिभरथ	बिभरसे	बिभरैथे	बिभरध्वे
1	बिभराणि	बिभराव	बिभराम	बिभरै	बिभरावहै	बिभरामहै

लिङ् इच्छार्थ

3	बिभृयात्	बिभृयाताम्	बिभृयुः	बिभ्रीत	बिभ्रीयाताम्	बिभ्रीरन्
2	बिभृयाः	बिभृयातम्	बिभृयात	बिभ्रीयाः	बिभ्रीयाथाम्	विभ्रीध्वम्
1	बिभृयाम्	बिभ्रयाव	बिभृयाम	बिभ्रीय	बिभ्रीवहि	बिभ्रीमहि

जुहोत्यादि गण में या किसी द्विरुक्त धातु के बाद अन्ति अन्ते अन्तु अन्ताम् का -न्- लुप्त हो जाता है। भूत प्रथम पु. बहुवचन में भी विभक्ति उस् है, जिसके पहले अंग स्वर गुणरूप धारण करता है। उपनिषद में एक बार भ्रम वश जागृत की जगह जाग्रत का प्रयोग हो गया और उसका संशोध न आज तक न हुआ-उत्तिष्ठत जाग्रत प्राप्य वरान्निबोधत।

स्वादि गण सु सबल सुनो- अबल सुनु-

लट् वर्तमान

3	सुनोति	सुनुतः	सुन्वन्ति	सुनते	सुन्वाते	सुन्वते
2	सुनोषि	सुनुथः	सुनुथ	सुनुषे	सुन्वथे	सुनुध्वे
1	सुनोमि	सुनुवः	सुनुमः	सुन्वे	सुनुवहे	सुनुमहे

लङ् भूत

3	असुनोत्	असुनुताम्	असुन्वन्	असुनुत	असुन्वाताम्	असुन्वत
2	असुनोः	असुनुतम्	असुनुत	असुनुथाः	असुन्वाथाम्	असुनुध्वम्
1	असुनवम्	असुनुव	असुनुम	असुन्वि	असुनुवहि	असुनुमहि

लोट् आज्ञार्थ

3	सुनोतु	सुनुताम्	सुन्वन्तु	सुनुताम्	सुन्वाताम्	सुन्वताम्
2	सुनु	सुनुतम्	सुनुत	सुनुष्व	सुन्वाथाम्	सुनुध्वम्

लेट् विध्यर्थ

3	सुनवति,-सुनवत्	सुनवतः	सुनवन्	सुनवते	सुनवैते	सुनवन्त
2	सुनवसि सुनुवः	सुनवथः	सुनवथ	सुनवसे	सुनवैथे	सुनवध्वे
1	सुनवा (नि)	सुनवाव	सुनवाम	सुनवै	सुनवावहै	सुनवाम है

लिङ् इच्छार्थ

3	सुनुयात्	सुनुयाताम्	सुनुयुः	सुन्वीत	सुन्वीयाताम्	सुन्वीरन्
2	सुनुयाः	सुनुयातम्	सुनुयात	सुन्वीथाः	सुन्वीयाथाम!	सुन्वीध्वम्
1	सुनुयाम्	सुनुयाव	सुनुयाम	सुन्वीय	सुन्वीवहि	सुन्वीमहि

व म से शुरु होने वाली विभक्ति के पहले नु का उकार लुप्त हो जाता है यदि उसके पहले व्यंजनन हो-सुनुवः सुन्वः सुनुमः सुन्मः, लेकिन शन्क्नुवः शन्क्नुमः।

आज्ञार्थ 2. एकव. में भी नु के बाद -हि नहीं रहता यदि उसके पहले व्यंजन न हो- सुनु लेकिन शक्नुहि।

35. रुधादिगण युज् सबल युनज्- अबल युञ्ज्-

लट् वर्तमान

3	युनक्ति	युङ्क्तः	युञ्जन्ति	युङ्क्ते	युञ्जाते	युञ्जते
2	युनक्षि	युङ्क्थः	युङ्क्थ	युङ्क्षे	युञ्जाथे	युङ्ग्ध्वे
1	युनज्मि	युञ्ज्वः	युञ्ज्मः	युञ्जे	युञ्ज्वहे	युञ्ज्महे

लङ् भूत

3	अयुनक्	अयुङ्क्ताम्	अयुञ्जन्	अयुङ्क्त	अयुञ्जाताम्	अयुञ्जत
2	अयुनक्	अयुङ्क्तम्	अमुङ्क्त	अयुङ्क्थाः	अयुञ्जाथाम्	अयुङ्ग्ध्वम्
1	अयुनजम्	अयुञ्ज्व	अयुञ्ज्म	अयुञ्जि	अयुञ्ज्वहि	अयुञ्ज्महि

लोट् आज्ञार्थ

3	युनक्तु	युङ्क्ताम्	युञ्जन्तु	युङ्क्ताम्	युञ्जाताम्	युञ्जताम्
2	युङ्ग्धि	युङ्क्तम्	युङ्क्त	युङ्क्ष्व	युञ्जाथाम्	युङ्ग्ध्वम्

लेट् विध्यर्थ

3	युनजत्	युनजतः	युनजन्	युनजते	युनजैते	युनजन्त
2	युनजः	युनजथः	युनजथ	युनजसे	युनज़ैथे	युनजध्वे
1	युनजानि	युनजाव	युनजाम	युनजै	युनजावहै	युनजामहै

लिङ् इच्छार्थ

3	युञ्ज्यात्	युञ्ज्याताम्	युञ्ज्युः	युञ्जीत	युञ्जीयाताम्	युञ्जीरन्
2	युञ्ज्याः	युञ्ज्यातम्	युञ्ज्यात	युञ्जीथाः	युञ्जीयाथाम्	युञ्जीध्वम्
1	युञ्ज्याम्	मुञ्ज्याव	युञ्ज्याम	युञ्जीय	युञ्जीवहि	युञ्जीमहि

देखिये - युञ्ज्+तस् = युङ्क्तस्, इत्यादि। युनज्+सि = युनक्षि तो ऊपर लिख दिया है, लेकिन क्ष को सदा क्ष ही लिखा जाता है (युनक्षि)।

36. तनादि गण तन् सबल तनो - अबल तनु-, व म के पहले तन्-

लट् वर्तमान

3	तनोति	तनुतः	तन्वन्ति	तनुते	तन्वाते	तन्वते
2	तनोषि	तथुथः	तनुथ	तनुषे	तन्वाथे	तनुध्व
1	तनोमि	तनुवः	तनुमः	तन्वे	तनुवहे	तनुमहे

लङ् भूत

3 अतनोत् अतनुताम् अतन्वन् अतनुत अतन्वाताम् अतान्वत

2 अतनोः अतनुतम् अतनुत अतनुथाः अतन्वाथाम् अतनुध्वम्

1 अतनवम् अतनुव अतनुम अतन्वि अतनुवहि अतनुमहि

लोट् आज्ञार्थ

3 तनोतु तनुताम् तन्वन्तु तनुताम् तन्वाताम् तन्वताम्

2 तनु तनुतम् तनुत तनुष्व तन्वाथाम् तनुध्वम्

लेट् विध्यर्थ

3 तनवति,-वत् तनवतः तनवन् तनवते तनवैते तनवन्त

2 तनवः तनवथः तनवथ तनवसे तनवैथे तनवध्वे

1 तनवा (नि) तनवाव तनवाम तनवै तनवावहै तनवामहै

लिङ् इच्छार्थ

3 तनुयात् तनुयाताम् तनुयुः तन्वीत तन्वीयाताम् तन्वीरन्

2 तनुयाः तनुयातम् तनुयात तन्वीथाः तन्वीयाथाम् तन्वीध्वम्

1 तनुयाम् तनुयाव तनुयाम तन्वीय तन्वीवहि तन्वीमहि

जिस तन् धातु ने स्वादि, रुधादि, क्र्यादि सहित तनादि को जन्म दिया वही तन् अपने अन्य तीन साथियों-सन् मन् क्षण्-के साथ सिमट कर रह गया, लेकिन बाद में कर् भी इसी गण में आ गया। सबल अंग करो-, अबल अंग कुरु-, लेकिन य् व् म् से शुरु होने वाली विभक्तियों के पहले केवल कुर्- करोति, करोषि करोमि, लेकिन कुरुतः कुरुथः और कुर्वः कुर्मः तथा कुर्यात् कुर्याताम् कुर्युः, इत्यादि।

37. क्र्यादि गण रि (बहना) सबल रिणा- अबल रिणी-रिण्-

लट् वर्तमान

3 रिणाति रिणीतः रिणन्ति रिणीते रिणाते रिणते

2 रिणासि रिणीथः रिणीथ रिणीषे रिणीथे रिणीध्वे

1 रिणामि रिणीवः रिणीमः रिणे रिणीवहे रिणीमहे

लङ् भूत

3 अरिणात् अरिणीताम् अरिणन् अरिणीत अरिणातम् अरिणत

2 अरिणाः अरिणीतम् अरिणीत अरिणीथाः अरिणाथाम् अरिणीध्वम्

1 अरिणाम् अरिणीव अरिणीम अरिणि अरिणीवहि अरिणीमहि

लोट् आज्ञार्थ

3	रिणातु	रिणीताम्	रिणन्तु	रिणीताम्	रिणाताम्	रिणताम्
2	रिणीहि	रिणीतम्	रिणीत	रिणीष्व	रिणाथाम्	रिणीध्वम्

लेट् विध्यर्थ

3	रिणाति,	रिणातस्	रिणान्	रिणाते	रिणैते	रिणन्त
2	रिणाः	रिणाथस्	रिणाथ	रिणासे	रिणैथे	रिणाध्वे
1	रिणा	रिणाव	रिणाम	रिणै	रिणानहे	रिणामहे

लिङ् इच्छार्थ

3	रिणीयात्	रिणीयाताम्	रिणीयुः	रिणीत	रिणीयाताम्	रिणीरन्
2	रिणीयाः	रिणीयातम्	रिणीयात	रिणीथाः	रिणीयाथाम्	रिणीध्वम्
1	रिणीयाम्	रिणीयाव	रिणीयाम	रिणीय	रिणीवहि	रिणीमहि

व्यंजनान्त धातु के बाद आज्ञार्थ 2. एकव. में -नी-हि के बदले - आन भी होता है-क्रीणीहि लेकिन गृभाण, स्तभान। वेद में गृभ्णीहि भी है, लेकिन संस्कृत में नहीं।

38. अनियमित अंग

भ्वादिगण

वेद में आकर छ विकरण मान लिया गया था और ग के साथ अनेक धातुओं में लगा। गम् गछ- यम् यछ- यु युछ-। संस्कृत में -छ- की जगह च्छ- है।

क्रम् क्राम- (लेकिन आ. क्रम-)

गुह् गूह-, ऊह् ओह- (ऊह- भी)

कृप् कृप-

पा पिब- स्था तिष्ठ- सद् सीद- सच् सश्च-

इ इन्व- (इनो-भी) जि जिन्व- (जिनो-भी)

हि हिन्व- (हिनो-भी) पी पिन्व- (पिनो-भी)

दंश् दश- सञ्ज् सज-

दिवादिगण स्पश् पश्य-, व्यध् विध्य-,

धा धय- मा मय- वा वय-

व्या व्यय- ह्वा ह्वय-

जॄ जीर्य- जूर्य-, तॄ तीर्य-, तूर्य-
पॄ पूर्य-
श्रम् श्राम्य-, मद् माद्य-, तम् ताम्य-
तुदादिगण कृत् कृन्त-, तृप् तृम्प-, पिश् पिंश-,
मुच् मुंच-, लिप् लिम्प-, लुप् लुम्प-
विद् विन्द- सिच् सिंच-, तुद् तुन्द-,
दृह् दृंह- शुभ् शुंभ-।
इष् इछ- ऋ ऋछ- प्रश् पृछ-
वस् उछ, व्रश्च् वृश्च-
कॄ किर- गॄ गिर- तॄ तिर- (तर-भी)

39. अदादिगणधातु सबल अंग अबल अंग

अदादिगणधातु	सबल अंग	अबल अंग
क्षु	क्ष्णौ	क्ष्णु
यु	यौ	यु
नु	नौ	नु
स्तु	स्तौ	स्तु

व्यंजनादि सबल विभक्ति के पहले वृद्धि स्वर, अन्यत्र गुण होता है।
लट्-प्रथमपु. स्तौति स्तुतः स्तुवन्ति
लङ् उत्तमपु. अस्तवम् अस्तुव अस्तुम
मृज् मार्ज् (मार्ष्टि) मृज् (मृजन्ति)
शी
प्रथम पु. बहु. वर्तमान शेरते भूतकाल अशेरत आज्ञार्थ शेरताम्
वश् वश् (वष्टि वक्षि वश्मि) उश् (उश्मसि)
अस् अस् (2. असि) स्
हन् हन् ह- घ्न-
वर्तमान प्रथम पु. हन्ति हतः घ्नन्ति
भूत अहन् अहताम् अघ्नन्
अन्
वर्तमान अनिति अनितः अनन्ति (प्रथमपु.)
भूत आनीत् आनीः आनम् (एकव.)

ब्रू ब्रो (व्यंजन के पहले ई) ब्रू

वर्तमान	3. ब्रवीति	2. ब्रवीषि	1. ब्रवीमि एकव.
भूत	3. अब्रवीत्	2. अब्रवीः	1. अब्रवम् (एकव.)

दुह् दोह (दोग्धि धोक्षि) दुह् (दुग्धः दुहन्ति)

प्र. पु. एकव. अधोक् अदुहत्

बहुव. अदुह्रन् अदुहन् दुहुः

लिङ् दुह्यात् के बदले दुहीयत्

दुह्युः के बदले दुहीयन्

जुहोत्यादिगण

दा ददा दद्

धा दधा दध् धत्

हु जुहो जुहु

स्वादि गण श्रु शृणो शृणु

कृ बाद में कर् कुरु कुर् अंग द्वारा तनादि गण में चला गया। कुछ धातु - इ ऋ जि पि हि अपने अबल रूप इन्वन्ति जिन्वन्ति पिन्वन्ति हिन्वन्ति के कारण भ्वादि गण में चले गये।

रुधादिगण अञ्ज् अनज् अञ्ज्

भञ्ज् भनज् भञ्ज्

हिंस् हिनस् हिंस्

तृह् तृणेह-

क्र्यादि गण

जी जू पू का स्वर ह्रस्व हो जाता है-

जि जु पु

जान् क्रिया से कभी जान्-आ-मि (जानामि) बना होगा। फारसी में अभी भी दान् है (मीदानम्)। लेकिन जब जान् सिकुड़कर ज्ञा हो गया तो जानामि के लिए ज्ञा को जा मानना पड़ा।

40. लिट् परोक्षभूत = अपूर्णभूत (गया है)

लौकिक संस्कृत को ध्यान में रखते हुए बभूव, जगाम, चकार आदि क्रियारूपों को (पाणिनि के वचन 'परोक्षे लिट्' के आधार पर) परोक्षभूत

कहते हैं, पर वैदिक भाषा में ये ऐसी क्रिया का बोध कराते हैं जो भूतकाल में शुरु हुई और अभी तक चल रही है। यह एक तरह का वर्तमान है, पर इसे अपूर्ण भूत भी कह सकते हैं। वह चला है (वह भूतकाल में चला और चलना अभी समाप्त नहीं हुआ है)। इसका भूतकाल पूर्णभूत कहलायेगा: वह चला था (वह भूतकाल में चला और चलना समाप्त हो गया)।

इसका अंग धातु के दुहराने से बनता है। दुहराने का विशेष नियम यह है कि दुहराये हुए (पहले) अक्षर पर ऋ लृ की जगह अ होता है-भृ बभृ, कृ चकृ क्लृप् चक्लृप्। भू बभू-।

जब आस क्रियारूप का विग्रह अ-अस्-अ किया गया और अस् धातु की कल्पना हो गयी तो इसी अनुकृति पर इष् से इ-इष्, उच् से उ-उच् बनने लगे। स्वरादि अबल विभक्तियों के पहले ये तो ईष् और ऊच् हो गये, लेकिन सबल रूपों में धातु स्वर के गुण हो जाने पर बीच में एक अन्त:स्थ य् अथवा व् आने लगा : इ-य्-एष्-अ = इयेष,उ-व्-ओच्-अ = उवोच। संयुक्त व्यंजन के बाद वाले इ स्वरादि अबल विभक्तियों के पहले इय् हो जाते हैं-शिश्रिय्-अतु: = शिश्रियतु:। लेकिन सामान्यत: इ और उ ऊ क्रमश: य् और उव् में बदलते हैं-भी बिभी+अतु: = बिभ्यतु:। युयु+ए = युयुवे। सू सुसू+ए = सुसुवे। ह्रस्व ऋ तो र् में बदलता है, लेकिन दीर्घ ॠ कभी इर् में कभी उर् में, कभी अर् में- तितृ+उस् = तितिरु:, कृ से चंस्करे, पृ पुपुर्या:।

दुहराये हुए अंग में वर्तमान भूत, आज्ञार्थ, विध्यर्थ और इच्छार्थ की विभक्तियाँ लगती हैं। भूत की विभक्तियों के साथ अ- आगम भी लगता है और तब इसे पूर्णभूत कहते हैं। इस आगम को यदि हटा लिया जाये तो विनियोगार्थ के रूप बनते हैं। वर्तमान वाली विभक्तियाँ एकदम अलग हैं-

	पर.			आ.		
3	अ	अतुस्	उस्	ए	आते	इरे
2	थ	अथुस्	अ	से	आथे	ध्वे
1	अ	व	म	ए	वहे	महे

पर. एकवचन वाली विभक्तियाँ सबल हैं। प्रथम पु. में धातु के अन्तिम स्वर में वृद्धि होती है; उत्तम पु. में गुण भी, पर मध्यम पु. में गुण ही होता है। कृ चकृ से 3. चकार 2. चकर्थ 1. चकार चकर।

रूपावली

कृ चकृ सबल अंग चकार् चकर्

3	चकार	चक्रतुः	चक्रुः	चक्रे	चक्राते	चक्रिरे
2	चकर्थ	चक्रथुः	चक्र	चकृषे	चक्राथे	चकृध्वे
1	चकर	चकृव	चकृम्	चक्रे	चकृवहे	चक्रमहे

धा दधा (सबल) दध्

3	दधौ	दधतुः	दधुः	दधे	दधाते	दधिरे
2	दधाथ	दधथुः	दध	दधिषे	दधाथे	दधिध्वे
1	दधौ	दधिव	दधिम	दधे	दधिवहे	दधिमहे

आकारान्त धातु के बाद प्रथम और उत्तम पुरुष एकवचन में औ विभक्ति लगती है। व्यंजन के पहले दध् के बाद-इ- आ जाता है।

तुद् सबल तुतोद् अबल तुतुद्-

3	तुतोद	तुतुदतुः	तुतुदुः	तुतुदे	तुतुदाते	तुतुद्रे
2	तुनोदिथ	तुतुदथुः	तुतुद	तुतुत्से	तुतुदाथे	तुतुद्ध्वे
1	तुतोद	तुतुद्व	तुतुद्म	तुतुदे	तुतुद्वहे	तुतुद्महे

नी सबल निनै-निने अबल निनी-

3	निनाय	निन्यतुः	निन्युः	निन्ये	निन्याते	निनीरे
2	निनेथ	निन्यथुः	निन्य	निनीषे	निन्याथे	निनीध्वे
1	निनाय	निनीव	निनीम	निन्ये	निनीवहे	निनीमहे

स्तु सबल तुष्टौ-तुष्टो- अबल तुष्टु

3	तुष्टाव	तुष्टुवतुः	तुष्टुवुः	तुष्टुवे	तुष्टुवाते	तुष्टुविरे
2	तुष्टोथ	तुष्टुवथुः	तुष्टुव	तुष्टुषे	तुष्टुवाथे	तुष्टुध्वे
1	तुष्टव	तुष्टुव	तुष्टुम	तुष्टुवे	तुष्टुवहे	तुष्टुमहे

कुछ अन्य धातुओं के सबल और अबल अंग इस प्रकार हैं-

गम् जगम् जगाम् अबल जग्म् जगम्

वच् सबल उवाच् उवच्, अबल ऊच्

भज् बभाज् बभज्; भेज् (अबल)

यम् ययाम् ययम्: येम् (अबल)

चि चिकी; चिकै (सबल)

जि जिगी; जिगै (सबल)

चित् चिकित्; चिकेत् (सबल)

हन् जघन् जघान्; जघ्न (अबल)

भृ जभर् जभार; जभृ (बभृ भी)

भू बभू (व्) बभूव बभूवतुः बभूवुः

विद् के रूप

3 वेद विदतुः विदुः

2 वेत्थ विद्थुः विद

1 वेद विद्व विद्म

संस्कृत में विवेद आदि रूप भी हैं जो भूतकाल के हैं-सा लुप्त संज्ञा न विवेद दुःखम्।

तप् ततप् ततापृ; तेप्

नम् ननम् ननाम्; नेम्

पच् पपच् पपाच्; पेच्

पत् पपत् पपात्; पेत् (पप्त् भी)

लभ् लेभे (अबल)

खन् चखन् चखान्; चख्न्

जन् जज्ञ्, (जजान् सबल)

तन् तत्न् (तेन् संस्कृत में) अबल

बन्ध् बबन्ध् (सबल) बेध् (अबल)

संस्कृत में सर्वत्र बबन्ध्।

जभार को कोई भृ से कोई हृ से संबद्ध मानते हैं। पर यह ह्वर् (जह्वार = जभार) का रूप मालूम पड़ता है।

कुछ धातुओं के दुहराये हुए अक्षर पर आन् रहता है-अंश् आनंश्-आनश् अंज् आनंज् आनज्। अर्च से भी- आनर्च आनृच्। संस्कृत में 3. आनर्च आनर्चतुः आनर्चुः। वेद के आनृचुः आनृचे रूप अधिक नियमित हैं।

तुज् आदि कुछ धातुओं के पहले अक्षर पर दीर्घ स्वर होता है- तूतुजे। गृ से जागृ तो संस्कृत में स्वतंत्र क्रिया ही बन गयी और अदादि गण में चली गयी-जागर्ति जागृतः जाग्रति।

भू से बभू-, सू से ससू- तथा शी से शशी- (= शशे-) अद्भुत अंग

हैं। बभूव की तरह ससूव भी अद्‌भुत ही है। शी से शशयान बनता है।

हन् के अबल अंग (जघ्न्) में वर्तमान की विभक्तियाँ भी देखी जाती हैं-जघ्नति, जघ्नते।

अपूर्णभूत या परोक्षभूत कहे जाने वाले लिट् वर्तमान के रूपों को बताकर अब तथाकथित लिट्+लङ् (पूर्णभूत) नामक भूतकाल तथा आज्ञार्थ, विध्यर्थ रूप बताये जायेंगे। लौकिक संस्कृत के जानकारों के लिए लिट्+लङ्, लिट्+लोट्, लिट्+लेट्, लिट्+लिङ् तथा आगमरहित लिट्+लङ् अद्‌भुत मालूम पड़ेगा। यहीं तो भाषा वैदिक हो जाती है।

मंत्रों की रचना के समय वैदिक भाषा नीचे की ओर ढलने लगी थी और प्राक्संस्कृत का पुराना वैभव समाप्त हो चुका था।

सभी धातुओं के सब रूप नहीं मिलते। अतः पूर्णभूत, आज्ञार्थ आदि के रूप अनेक धातुओं के उदाहरणों से यथासंभव सभी पुरुष और वचन में दिखाये जायेंगे।

विनियोगार्थ तो अ- आगम रहित लिट्+लङ् ही है।

प्राक्संस्कृत का आ-ह (कहा) वेद में पाँच रूपों तक आया- 3. आह आहतुः आहुः 2. आत्थ आहथुः। इसके बाद इस प्राचीनतम क्रिया का वंश ही समाप्त हो गया। आस (= आ-ष) भी संस्कृत में अनियमित रूप माना जाता है।

लिट्+लङ्

परस्मैपद

	एकव.	द्विव.	बहुव.
3.	अचिकेतत् अजग्रभीत् अचिकितत् अजगन् तस्तम्भत् रारन्	अवावशीताम्	अचुच्यवुः
2.	अविवेशीः आजगन् ननमः	(अ) मुमुक्तम्	अजगन्त अचुच्यवीतन
1	चिकेतम् चकरम् अचचक्षम् अजग्रभम्	———	———

कुछ रूपों में अ-आगम नहीं भी है, पर वे विनियोगार्थ नहीं है।

आत्मनेपद

3.	दिदिष्ट	______	अचक्रिरन्, अजग्मिरन् अपेचिरन्, अववृत्रन् अससृग्रन्
2.	______	______	______
1.	अशुश्रवि	______	______

आगे रूपों का क्रम इस प्रकार रहेगा-

	एकव.	द्विव.	बहुव.
प्रथम पु.	______	______	______
मध्यम पु.	______	______	______
उत्तम पु.	______	______	______

लिट्+लोट्

परस्मैपद

3.	बभूतु मुमोक्तु	______	______
2.	चिकिद्धि शशाधि गुगुग्धि दिदिड्ढि	ववृक्तम् मुमुक्तम्	दिदिष्टन ववृत्तन

आत्मनेपद

3.	______	______	______
2.	ववृत्स्व	______	ववृद्ध्वम्

लिट्+लेट्

परस्मैपद

3.	चिकेतत् ततनत् जघनत् विविदत् मुमोचत् मुमोचति बुबोधति दिदेशति तुष्टवत् पिप्रयत्	______	ततनन्
2.	चिकितस् ततनस् बुबोधः मुमुचः पिप्रयः जुजोषसि	जुजोषथः चिकेतथः	जुजोषथ

1. अनजा - ततनाम

आत्मनेपद

3. ततपते जुजोषते ——— ———

2 ——— ——— ———

1 ——— ——— अनशामहै

लिट्+लिङ्

परस्मैपद

3. बभूयात् जगम्यात् ——— ववृत्युः जगम्युः
अनज्यात् ववृत्यात्

2. बभूयाः पुपुर्याः जगम्यातम्
ववृत्याः

1. जगम्याम् ववृत्याम् ——— ववृत्याम
आनश्याम् रिरिच्याम्

आत्मनेपद

3. ववृतीत ——— ———

2. वावृधीथाः ——— ———

1. ववृतीय ——— ववृतीमहि

लिट्+आशीर्लिङ्

आ. 2 एकव. सासहिष्ठाः

विनियोगार्थ

पर. 2 एकव. शशाः 3. दूधोत् सुस्रोत्

आ. 3 एकव. ततनन्त

लिट्+लङ् से अ- आगम हट जाने पर विनियोगार्थ के रूप बनते हैं।

42. लुङ् आसन्नभूत

आसन्नभूत उस भूतकाल का वाचक है जो अभी अभी समाप्त हुआ है-वह आया है, उसने किया है, इत्यादि। जैसे पहले सामान्य भूतकाल

(अभवत्) के समानान्तर एक वर्तमान है (भवति), पूर्णभूत (अजगन् = अजगम्+त्) के समानान्तर एक अपूर्णभूत नामक वर्तमान काल है (जगाम), वैसे इस भूत के समानान्तर कोई वर्तमान नहीं है।

आसन्न भूत के रूप सात प्रकार से बनते हैं और हर के साथ आज्ञार्थ, विध्यर्थ, इच्छार्थ और विनियोगार्थ है। यहाँ भी लुङ्+लोट्, लुङ्+लेट्, लुङ्+लिङ् तथा आगम रहित लुङ् (विनियोगार्थ) होता है। यहीं पर आशीर्लिङ् का भी जन्म हुआ।

इसके भी दो वर्ग हैं-अ-वर्ग और विषम-वर्ग।

43. अवर्ग

धातु+अङ् **पहला लुङ्**

कुछ व्यंजनान्त धातुओं में अ जोड़कर अंग बनाते हैं- गम् गम-, सिच् सिच-, इत्यादि।

पर. और आ.- दोनों रूप होते हैं।

3	अगमत्	अगमताम्	अगमन्	असिचत	असिचेताम्	असिचन्त
2	अगमः	अगमतम्	अगमत	असिचथाः	असिचेथाम्	असिचध्वम्
1	अगमम्	अगमाव	अगमाम	असिचे	असिचावहि	असिचामहि

विद्

3	अविदत्	अविदताम्	अविदन्	अविदत	अविदेताम्	अविदन्त
2	अविदः	अविदतम्	अविदत	अविदथाः	अविदेथाम्	अविदध्वम्
1	अविदम्	अविदाव	अविदाम	अविदे	अविदावहि	अविदामहि

अन्य अर्थों के रूप इस प्रकार हैं-

लुङ्+लोट्

3	सदतु	सदताम्	सदन्तु	-	-	सदन्ताम्
2	सद	सदतम्	सदत	-	-	सदध्वम्

लुङ्+लेट्

3	विदाति विदात्	विदातः	-	विदाते	-	-
2	विदासि विदाः	विदाथः	विदाथ(न)		-	-
1	-	विदाव	विदाम		-	विदामहे

लुङ्+लिङ्

3	विदेत्	–	–	–	–	–
2	विदे:	–	–	–	–	–
1	विदेयम्	–	विदेम	विदेय	–	विदेमहि

लुङ्+आशीर्लिङ्

– – – 3. विदेष्ट (अथर्ववेद)

विनियोगार्थ तो आगम रहित भूतकाल ही है-

3	विदत्	–	विदन्	विदत	–	विदन्त
2	विद:	–	–	–	–	–
1	विदम्	–	–	–	–	विदामहि

कुछ अंग अनियमित हैं-

ख्या (देखना)	ख्य-	व्या (ढंकना)	व्य-
ह्वा (पुकारना)	ह्व-		

दा	द-	धा	ध-	स्था	स्थ-
शास्	शिष्-	कृ	कर्-		
क्रन्द	क्रद-	तंस्	तस-	ध्वंस्	ध्वस-
भ्रंश्	भ्रश-	रन्ध्	रध-	स्रंस्	स्रस-
ऋ	अर-	दृश्	दर्श-	(दृश- भी)	

धातु+चङ् **दूसरा लुङ्**

कुछ धातु एक विचित्र ढंग से दुहरा जाते हैं और तब उनमें अ लगाया जाता है-तुद् तूतुद-, चुर् चूचुर-, गम् जीगम- कृ चीकर-।

जन् परस्मैपद जीजन-

3	अजीजनत्	अजीजनताम्	अजीजनन्
2	अजीजन:	अजीजनतम्	अजीजनत
1	अजीजनम्	अजीजनाव	अजीजनाम

आत्मनेपद

3	अजीजनत	–	अजीजनन्त
2	अजीजनथा:	–	अजीजनध्वम्
1	अजीजने	–	–

कहीं कहीं -अ- विकरण नहीं भी लगता है और विभक्ति सीधे जुट जाती है-

3. अशिश्रेत् (श्रि) - अवीवशन् (वाश्)
असीसदन् (सद्)
अबीभजुः (भज्)

2. लुङ्+लोट्

वच् ववच् वउच् = वोच्

3. वोचतु - -

2. वोचतात् वोचतम् वोचत

2. लुङ्+लेट्

3 सीसधाति (साध्) - -

2 तीतपासि (तप्) - -

1 रीरधा (राध्) - सीसधाम (साध्)

2. लुङ्+लिङ्

3 वोचेत् - वोचेयुः - - -

2 वोचेः वोचेतम् - - - -

1 वोचेयम् - वोचेम वोचेय - वोचेमहि

2. लुङ्+आशीर्लिङ् 3. रीरिषीष्ट (रिष्)-

कुछ अनियमित अंग

द्युत् दिद्युत्, गृ जिगृ- धृ दि (दी) धृ

पत् पप्त-(पीपत् भी) नश् नेश्- (नीनश् भी),

ज्ञा ज्ञाप् (ज्ञप्) जिज्ञिप्-, स्था स्थाप् तिष्ठिप्-

इत्यादि।

धातु+क्स (शल इगुपधादनिटः क्सः) **तीसरा लुङ्**

कुछ इ उ ऋ मध्यवर्ती स्वर वाले तथा श् ष् ह् अन्त व्यजन वाले ध ातुओं में -स- विकरण लगता है जो अन्ततोगत्वा संधि के कारण क्ष- अंग बन जाता है- दिश् दिक्ष, द्विष् द्विक्ष- दुह् दुक्ष- धुक्ष्।

दुह् दुक्ष- धुक्ष

3	अधुक्षत्	-	अधुक्षन्	अधुक्षत	-	अधुक्षन्त
2	अधुक्षः	-	-	-	-	-
1	अधुक्षम्	-	अधुक्षाम	-	-	-

3. लुङ्+लोट्

3	-	यक्षताम् (यज्)	-	-	-	-
2	-	मृक्षतम् (मृज्)	-	धुक्षस्व	-	-

3. लुङ्+लेट कोई उदाहरण नहीं

विनियोगार्थ

3	द्विक्षत् (द्विष्)	-	-	-	-	-
2	दुक्षः (दुह्)	-	मृक्षत (मृश्)	-	-	-
1	-	-	-	-	-	-

ऋग्वेद में यह -स- भू के साथ भी लगा दीखता है-पर्यभूषत् = परि+अ-भू-ष-त्

46. विषम वर्ग

धातु+शून्य (च्लि) **चौथा लुङ्**

कुछ धातओं में विभक्तियाँ सीधे जुट जाती हैं। पर. एकव. विभक्तियाँ सबल होती हैं। प्रथम पु. बहुवचन में विभक्ति मुख्यतः उस् है, कभी कभी अन्। उस् के पहले धातु का आ लुप्त हो जाता है। आत्मनेपद में अन् की जगह प्रायः रन् विभक्ति है।

	स्था			स्थि-		
3	अस्थात्	अस्थाताम्	अस्थुः	अस्थित	-	अस्थिरन्
2	अस्थाः	अस्थातम्	अस्थात	अस्थिथाः	-	-
1	अस्थाम्	अस्थाव	अस्थाम	-	-	अस्थिमहि

कृ

3 अकः अकर्ताम् अक्रन् अकृत अकृताम् अक्रत

2 अकः अकर्तम् अकर्त अकृथाः - अकृध्वम्

1 अकरम् - अकर्म अक्रि अकृवहि अकृमहि

भू भूव्

3 अभूत अभूताम् अभूवन्

2 अभूः अभूतम् अभूत

1 अभूवम् अभूव अभूम

कुछ धातु सिकुड़ गये हैं- घस् क्ष्, गम् ग्म्, तन् त्न् (अक्षन् अग्मन् अत्नत)।

धा धि धी

3 अधात् अधाताम् अधुः अधित - -

2 अधाः अधातम् अधात अधिथाः - -

1 अधाम् अधाव अधाम - - अधीमहि

अधीमहि से अ आगम के लुप्त होने पर विनियोगार्थ रूप धीमहि बना है। (भर्गो देवस्य धीमहि)। भागवत में इसे ध्यै का अनियमित रूप मान लिया है। (सत्यं परं धीमहि)।

4. लुङ्+लोट् पर.

3 गन्तु धातु भूतु श्रोतु गन्ताम् पाताम् गमन्तु

2 गहि गधि कृधि गतम् गन्तम् कृतम् कृत कर्त गत
भो+धि = बोधि भूत

आत्म.

3 - -

2 कृष्व धिष्व - कृध्वम्

4. लुङ्+लेट्

3 करति करत् करतः करन् करन्ति करते - करन्त

2 करसि करः करथः - करसे - -

1 करा(णि) - कराम - - करामहै

4. लुङ्+लिङ्

3	भूयात्	–	अश्युः	अशीत	–	–
2	अश्याः भूयाः	–	–	–	–	–
1	अश्याम्	–	भूयाम	अशीय	–	अशीमहि

पर. एकव. 3. 2. को छोड़कर विभक्तियों के पहले -स्- जोड़कर यहीं से आशीरर्थ का आरंभ हुआ जो भाषा के इतिहास में कुछ दूर चला भी।

4. लुङ्+आशीर्लिङ्

परस्मैपद

3	भूयात्	भूयास्ताम्	भूयासुः
2	भूयाः	भूयास्तम्	भूयास्त
1	भूयासम्	भूयास्व	भूयास्म

आत्मनेपद

3	पदीष्ट	मुचिष्ट –	–
2	–	–	–
1	–	–	–

ये ही रूप संस्कृत में आशीर्लिङ् के नाम से विख्यात हुए।

धातु+सिच् (च्लेः सिच्) **पाँचवाँ लुङ्**

कुछ धातओं के आगे स् जोड़ते हैं। आसन्न भूत के ये रूप बहुत जटिल हैं और अन्तःपद सन्धि के नियमों से जकड़े हुए हैं। परस्मैपद विभक्ति के पहले धातुस्वर में वृद्धि होती है। आत्मनेपद विभक्ति के पहले अन्तिम स्वर में गुण होता है। नी नैष् नेष् हु हौष, होष्, कृ कार्ष कृष् छिद् छैत्स् छित्स् रुध् रौत्स् रुत्स्, पच् पाक्ष् वह् वाक्ष् दह् धाक्ष्।

प्रथम मध्यम पुरुष एकवचन में अंग और विभक्ति के बीच-ई- लगाते हैं-अपाक्षीत् अपाक्षीः।

दो स्पर्शों के बीच पड़ने पर -स्- लुप्त हो जाता हैः अछित्स्+त = अच्छित्त।

ध्वम् के पहले -ष्- घोष होकर लुप्त हो जाता है और ध् को ढ् बना देता हैः अनेष्+ध्वम् = अनेढ्वम्।

अदाह-स् ई-त् = अधाक्षीत्, लेकिन अदाह्-स्-ताम् अदाघ्-धाम् =

अदाग्धाम्।

	भृ			बुध्	भुत्	
3	अभाः	अभार्ष्टाम्	अभार्षुः	अबुद्ध	अभुत्साताम्	अभुत्सत
2	अभाः	अभार्ष्टम्	अभार्ष्ट	अबुद्धाः	अभुत्साथाम्	अभुद्ध्वम्
1	अभार्षम्	अभार्ष्व	अभार्ष्म	अभुत्सि	अभुत्स्वहि	अभुत्स्महि

	दह्			स्तु		
3	अधाक्षीत्	अदाग्धाम्	अधाक्षुः	अस्तोष्ट	अस्तोषाताम्	अस्तोषत
2	अधाक्षीः	अदाग्धम्	अदाग्ध	अस्तोष्ठाः	अस्तोषाथाम्	अस्तोढ्वम्
1	अधाक्षम्	अधाक्ष्व	अधाक्ष्म	अस्तोषि	अस्तोष्वहि	अस्तोष्महि

पाँचवें, छठे और सातवें लुङ् में -स्-, इष्- और -सिष्- विकरण को ध्यान में रखते हुए लेट् के रूपों के संबंध में पाणिनि कहते हैं-सिब्बहुलं लेटि। लेट् की सभी विभक्तियाँ सबल होती हैं, इसलिये इसके पहले धातुस्वर गुण वृद्धि अवस्था में आ जाते हैं-

स्तु	स्तो-ष्-	अति	=	स्तोषति
बुध्	बोध्-इष्-	अति	=	बोधिषति
गा	गा-सिष्-	अति	=	गासिषति
तृ	तार-इष्-	अत्	=	तारिषत्
नी	ने-ष्-	अति	=	नेषति
वच्	वच्-स्-	अत्	=	वक्षत्
वद्	वाद्-इष्-	अस्	=	वादिषः

वास्तव में सिप् विकरण बताने की आवश्यकता नहीं थी, क्योंकि गुण वृद्धि तो धातुओं में होता ही है: स्तु आ. 3 अस्तोष्ट लुङ्+लेट् स्तोषत्।

5. लुङ्+लोट्

3	–	–	–	रासताम् (रा)	–	रासन्ताम्
2	नेष (नी)	पर्ष (पृ)		साक्ष्व (सह्)	रासाथाम्	–

5. लुङ्+लेट्

3	स्तोषति	स्तोषत्	स्तोषतः	स्तोषन्	स्तोषते	–	स्तोषन्ते
2	स्तोषसि	स्तोषः	स्तोषथः	स्तोषथ	स्तोषसे	स्तोषाथे	–
1	स्तोषाणि	–		स्तोषाम	स्तोषै	–	–

5. लुङ्+लिङ् केवल आ.

3	भक्षीत (भज्) दर्शिष्ट	–	मंसीरत
2	मंसीष्ठाः (मन्)	त्रासीथाम्(त्रा)	–
1	दिषीय (दा दि)	–	धुक्षीमहि

भक्षीत के सिवा अन्य एकवचन में आशीरर्थ वाला –स्– आ गया है। विनियोगार्थ में कहीं कहीं अनियमितता है। अन्यथा वे आगम रहित भूत के समान हैं।

अनियमित अंग

वस् वात्स् (अवात्सीत् अवात्)

यज् याक्ष् (अयाट् अयाः)

राध् रात्स् (अरात्सीत्)

दा दिष् ग गस् (अगस्महि)

इसी –स्– विकरण वाले आसन्नभूत अंगों को –य– द्वारा आगे बढ़ाकर तथा धातुस्वर को गुण अवस्था में लाकर भविष्य काल का अंग बनाया गया। बाद में आसन्न भूत के अंगों से इसका नाता टूट गया, क्योंकि भविष्य काल के रूप सभी धातुओं से बनाये जाने लगे।

सेट् धातु+स् = धातु+इष् **छठा लुङ्**

कुछ धातुओं के बाद –इष्– विकरण लगता है–बुध् बोधिष्, वद् वादिष्, ग्रह् ग्रहीष्। प्रथम और मध्यम पु. एकवचन में इष् की जगह ई आ जाता है।

क्रम क्रमिष्

3	अक्रमीत्	अक्रमिष्टाम्	अक्रमिषुः	अक्रमिष्ट	अक्रमिषाताम्	अक्रमिषत
2	अक्रमीः	अक्रमिष्टम्	–	अक्रमिष्ठाः	–	–
1	अक्रमिषम्	–	अक्रमिष्म	अक्रमिषि	–	–

6. लुङ्+लोट्

3	अविष्टु	अविष्टाम्	
2	अविड्ढि	अविष्टम्	अविष्टन

6. लुङ्+लेट्

3	बोधिषत् –	सनिषन् –		–	सनिषन्त
2	अविषः –	–	–	–	
1	दविषाणि –	–	–	–	याचिषामहे

6. लुङ्+लिङ् आ.

3	जनिषीष्ट (जन्) –	–	
2	मोदिषीष्ठाः (मुद्) –	–	
1	एधिषीय (एध्)	सहिषीवहि	तारिषीमहि

इसी इष् को –य– द्वारा आगे बढ़ाकर भविष्य काल का अंग बनाया गया। बाद में संपूर्ण धातुओं से भविष्य काल के रूप बनने लगे, और सभी धातु –स्य– और –इष्य– के दो दलों में बँट गये।

धातु+सक्+इष् **सातवाँ लुङ्**

कुछ आकारान्त तथा मकारान्त धातुओं में –सिष्– विकरण लगता है। (यमरमनमातां सक् च)

या यासिष्

3	–	अयासिषुः	अगासिषुः
2	–	अयासिष्टाम्	अयासिष्ट
1	अयासिषम्	–	–

आगम रहित ये ही रूप विनियोगार्थ के हो जाते हैं।

7. लुङ्+लोट्

3	–	–	–
2	–	यासिष्टम्	यासीष्ट

7. लुङ्+लेट्

3	गासिषत् यासिषत्	–	–
2	–	–	–
1	–	–	–

7. लुङ्+लिङ् आ.

3	–	–	–
2	–	–	–
1	वंसिषीय	–	प्यासिषीमहि

7. लुङ्+आशीर्लिङ् 2. एकव. यासिषीष्ठाः

50. आशीरर्थ = आशीर्लिङ्

धातुओं के बाद परस्मैपद प्रथम और मध्यम पुरुष एकवचन को छोड़कर अन्य विभक्तियों के पहले -स्- जोड़कर, इच्छार्थ से थोड़ा भिन्न, आशीरर्थ के रूप बनने लगे थे।

संस्कृत में भी इसका प्रयोग सीमित ही रहा।

विभक्तियाँ

	पर.			आत्म.		
3	यात्	यास्ताम्	यासुः	सीष्ट	सीयास्ताम्	सीरन्
2	यास्	यास्तम्	यास्त	सीष्ठाः	सीयास्थाम्	सीध्वम्
1	यासम्	यास्व	यास्म	सीय	सीवहि	सीमहि

परस्मैपद विभक्तियों के पहले इ उ दीर्घ हो जाते हैं तथा ऋ रि हो जाता है। आ भी ए हो जाता है-

जि जीयात्, पा पेयात्, कृ क्रियात्, लेकिन स्मृ स्मर्यात्।

51. कर्मवाच्य

आसन्न भूतकाल में कर्मवाव्य के लिये तो आत्मने पद विभक्तियाँ पर्याप्त हैं, पर प्रथम पु. एकवचन में -इ- विभक्ति से सबल रूप बनता है-कृ अकारि (अक्रि भी) विद् अवेदि, बुध् अबोधि दृश् अदर्शि, वच् अवाचि, श्रि अश्रायि, स्तु अस्तावि, धा अधायि।

इनका भी अ- आगम यदि हट जाता है तो ये विनियोगार्थ के हो जाते हैं-श्रावि (सुना जाये)।

कुछ अनियमित रूप भी हैं-गम् अगमि, जन् अजनि जनि (और जानि भी) वह् अवहि (संस्कृत में अवाहि)।

52. लृट् भविष्य काल

भविष्य काल का अंग वास्तव में स् और इष् से बने अंग वाले आसन्न भूत अंग को -य- द्वारा आगे बढ़ाने से बना है। बाद में यह किसी भी धातु से बनने लगा और सभी धातु स्य और इष्य के दो दलों में बँट गये।

अन्तिम तथा मध्यवर्ती इ उ ऋ गुण में बदल जाता है भू भविष्य-, कृ करिष्य- नी नेष्य-। स्य के पहले च् छ् ज् श् ष् ह् क् में बदल जाते हैं जिससे स्य भी ष्य बदल जाता है और अन्तिम परिणाम क्ष्य (क्ष्य) होता है, वच्+स्य = वक्ष्य-।

घोष स्पर्श अघोष हो जाता है-छिद् छेत्स्य, लभ् लप्स्य।

पहले अक्षर पर यदि घोष अल्पप्राण स्पर्श हो तो इसके अघोष होने पर पहला अल्पप्राण महाप्राण हो जाता है-दुह् धोक्ष्य (धोक्ष्य), बुध् भोत्स्य-।

इस अंग से केवल भविष्य के रूप बनते हैं, वर्तमान की विभक्तियों द्वारा-

	पर.			आ.		
3	भविष्यति	भविष्यतः	भविष्यन्ति	करिष्यते	करिष्येते	करिष्यन्ते
2	भविष्यसि	भविष्यथः	भविष्यथ	करिष्यसे	करिष्येथे	करिष्यध्वे
1	भविष्यामि	भविष्यावः	भविष्यामः	करिष्ये	करिष्यावहे	करिष्यामहे

करिष्य - अंग से बना हुआ मध्यमपु. एकवचन पर. में करिष्याः है। आगे चलकर नुद के नोत्स्य अंग से नोत्स्यावहै (उत्तम पु. द्विव. आ.) है।

लेकिन भविष्य के अंग से भविष्यतु या भविष्येत् इत्यादि रूप कभी नहीं बने।

53. लृङ् भविष्यात्मक भूत

वैदिक भाषा के संध्याकाल में एक भविष्यात्मक भूत का उदय हुआ जो अ- आगम और भूत की विभक्तियों से बनता है। ऋ. 2-30-2 में एक ही उदाहरण है-भृ से अभरिष्यत् (वहन करता)। इसका प्रयोग ब्राह्मण ग्रन्थों में बढ़ा है।

संस्कृत में भी इसका ज्यादा प्रयोग कभी नहीं हुआ।

भू के रूप

परस्मैपद

3	अभविष्यत्	अभविष्यताम्	अभविष्यन्
2	अभविष्य:	अभविष्यतम्	अभविष्यत
1	अभविष्यम्	अभविष्याव	अभविष्याम

इसके आत्मने पद वाले रूप भी हो सकते हैं-

3	अकरिष्यत	अकरिष्येताम्	अकरिष्यन्त
2	अकरिष्यथा:	अकरिष्येथाम्	अकरिष्यध्वम्
1	अकरिष्ये	अकरिष्यावहि	अकरिष्यामहि

54. लुट् अनद्यतन भविष्य

वैदिक भाषा जब संस्कृत के द्वार तक आ गयी थी तो तृ प्रत्ययान्त शब्द भविष्य का संकेत करने लगे थे-भविता (होने वाला है), गन्ता (जानेवाला है)। प्रथम पु. में तो तीनों वचनों के रूप ये है-

3. गन्ता गन्तारौ गन्तार:

ब्राह्मणों की भाषा में मध्यम तथा उत्तम पुरुष में अस् के रूप जोड़े जाने लगे-

2	गन्तासि	गन्तास्थ:	गन्तास्थ
1	गन्तास्मि	गन्तास्व:	गन्तास्म:

तब आत्मनेपद के भी रूप आने लगे-

2.	भवितासे	-	-
1.	-	-	भवितास्महे

संस्कृत में भी इसका प्रयोग बहुत कम हुआ है।

55. (फैला हुआ) अनुप्रयुक्त परोक्षभूत

ब्राह्मण ग्रन्थों में कुछ स्त्री. कृदन्त संज्ञाओं के कर्मवाले रूप को कृ के साथ प्रयोग करने लगे-गमयां चकार (गमन किया)। इस प्रकार जब बोध यां, बोबुधां, बभुत्सां के साथ चकार आने लगा तो कुछ छोटे रूप आसां, एधां, ईशां, उज्झां भी प्रयोग में चल पड़े और कृ धातु के परोक्ष रूप के साथ व्यवहार में आने लगे।

बाद में कृ के साथ भू और अस् धातु को भी समेट लिया गया- गमयां बभूव, गमयामास।

संस्कृत में तो दोनों तत्त्वों को अलग नहीं रखते, पर कालिदास ने कहीं कहीं मनमानी की है-तां पातयां प्रथममास पपात पश्चात्। प्रभ्रंशयां यो नहुषं चकार। वह तो कवि थे। हम ऐसा नहीं कर सकते।

वास्तव में ऐसा प्रयोग परोक्षभूत की साधारण क्रिया को प्रेरणार्थक रूप देने के लिये किया जाता है- स जगाम > पिता तं गमयामास। स प्रबभ्रंश > तं प्रभ्रंशयां चकार। प्लवंगाः सेतुं बबन्धुः > स सेतुं बन्धयामास प्लवंगैर्लवणाम्भसि।

अष्टम अध्याय

क्रियात्मक विशेषण

56. क्रियात्मक विशेषण

सार्वधातुक, परोक्ष भूत और आसन्न भूत तथा भविष्य अंगों से संबद्ध कालों और अर्थों की पर. और आत्म. विभक्तियाँ तो हैं ही, इन्हीं से संबद्ध पर. और आत्म. प्रत्यय वाले क्रियात्मक विशेषण भी हैं। इस प्रकार, चार प्रकार के क्रियात्मक विशेषण है-

1 वर्तमान क्रियात्मक विशेषण (शतृ शानच्)

2 परोक्षभूत क्रियात्मक विशेषण (क्वसु कानच्)

3 आसन्न भूत क्रियात्मक विशेषण (अत् आन मान)

4 भविष्य क्रियात्मक विशेषण (स्यत् स्यमान)

57. 1. वर्तमान क्रियात्मक विशेषण परस्मैपद प्रत्यय - अत् से बनता है- भवत्, अदत्, जुह्वत्, दीव्यत्, सुन्वत्, तुदत्, रुन्धत्, तन्वत्, कुर्वत्, क्रीणत्। जुह्वत् को छोड़कर सबल रूपों में न् लग जाता है।

भवत् भवन्त्, अदत् अदन्त्।

स्त्री. ई द्वारा बनता है, क, भवत् भवन्ती, दीव्यत् दीव्यन्ती, तुदत् तुदती तुदन्ती,

ख. अदत् अदती जुह्वत् जुह्वती, सुन्वत् सुन्वती, कुर्वत् कुर्वती, रुन्धत्, रुन्धती, क्रीणत् क्रीणती। वा वात् से वाती और वान्ती।

आत्मनेपद प्रत्यय, अ-वर्ग के लिये - मान है, विषमवर्ग के लिए आन भव-मान, दीव्य-मान तुदमान; ब्रुवाण, दधान, सुन्वान, रुन्धान कुर्वाण क्रीणान। स्त्री. आ से बनता है।

58. भविष्य क्रियात्मक विशेषण भी ठीक इसी प्रकार पर. अत् प्रत्यय से तथा आ. मान प्रत्यय से बनता है-भविष्यत् करिष्यत् इत्यादि।

स्त्री. भविष्यन्ती, करिष्यन्ती।

भविष्यमाण, करिष्यमाण।

स्त्री. भविष्यमाणा करिष्यमाणा।

59. आसन्न भूत क्रियात्मक विशेषण भी पर. अत् से तथा आत्म. -मान और -आन से बनता है-

दह् दक्षत् धक्षत् मन्द् मन्दसान

सह् सक्षत् यम् यमसान

तृप् तृपत् गुह् गुहमान

शुच् शुचत् शुचमान

कृ क्रत् क्राण

गम् ग्मत् बुध् बुधान

गमत् (जमदग्नि)

60. परोक्षभूत क्रियात्मक विशेषण पर. प्रत्यय वस् तथा आत्म. प्रत्यय आन से बनते हैं-

कृ चकृवस् चक्राण

गम् जगन्वस् जग्मिवस् जग्मान

कुछ धातु नहीं भी दुहराते हैं-

विद् विद्वस् दाश्वस् साह्वस् मीढ्वस्

पर. में स्त्री. ई से बनता है, आत्म. में आ से जग्मिवस् जग्गुषी, चकृवस् चक्रुषी। चक्राण चक्राणा।

उपयुक्त क्रियात्मक विशेषण तो विभिन्न कालों के अंगों से बने हैं। पर कुछ क्रियात्मक विशेषण सीधे धातुओं से बनते हैं।

61. निष्ठा (त और तवत्)

प्राक्संस्कृत की दूसरी सीढ़ी पर भूतकाल का अर्थ बताने वाला एक ठ प्रत्यय आया था। ष-ठ (होना-भूत = हुआ, था) तथा ग-ठ (जाना-भूत = गया) जैसे एक-दो प्रयोग भी दिखायी देते हैं। ष-ठ सिकुड़कर ऋग्वेद (7-103-7) में ष्ठ के रूप में दिखायी देता है, और गठ गत होकर वेद में आया। ष्ठ तो स्त के रास्ते हिन्दी में 'था' के रूप में विद्यमान है।

त वैदिक भाषा का बहुप्रचलित भूतकालिक प्रत्यय है। जब वैदिक क्रियायें स्थिर रूप में आ गयीं तो त प्रत्यय लगाने के कुछ नियम बने। त एक अबल प्रत्यय है, अतः धातु अनेक प्रकार से कमजोर हो जाता है।

-त के लगने पर

(1) धातु के अन्तिम और मध्यवर्ती स्वर ज्यों के त्यों रहते हैं-भू भूत, कृ कृत, हु हुत। आ इ हो जाता है-धा धित, स्था स्थित, पा पीत।

(2) धातु का अन्तिम तथा मध्यवर्ती अनुनासिक लुप्त हो जाता है-गम् गत, हन् हत, सञ्ज् सक्त।

(3) धातु का अन्तिम व्यंजन स्पर्श च् ज् तो क् हो जाता है लेकिन स्पृष्टसंघर्षी ज्, श् छ् स्वयं ष बनकर त को ट बना देता है-वच् उक्त, भुज् भुक्त; यज् इष्ट, प्रछ्, पृष्ट, विश् विष्ट।

(4) कुछ धातुओं में सम्प्रसारण होता है- वच् उक्त, यज् इष्ट।

(5) अन्तिम व्यंजन ह् (= घ्) भ् के बाद त ही ध हो जाता है; तब पूर्ववर्ती महाप्राण अल्पप्राण हो जाते हैं-दुह् दुग्ध, रुध् रुद्ध, लभ् लब्ध।

(6) कुछ धातु -इ- का सहारा लेते हैं-चर् चरित, ग्रह् गृहीत गृभीत।

(7) कुछ द् और र् व्यंजन वाले धातुओं के बाद त न होकर पूर्ववर्ती व्यंजन को बदल देता है-छिद् छिन्न, पृ पूर्ण, कृ कीर्ण। त के बदले न अन्यत्र भी देखे जाते हैं-ली लीन, दा दीन रुज् रुग्ण।

(8) जघस्+त = ज घ् स् त = ज घ् ध = जग्ध। शम् शान्त, खन् खात, जन् जात, दा दत्त त्त, शास् शिष्ट।

यह कुछ अकर्मक क्रियाओं के साथ तो कर्तृवाचक होता ही है, क्योंकि अन्यत्र यह कर्मवाच्य का प्रत्यय है, अथर्ववेद में पहली बार इसे-वत् से आगे बढ़ाया और अशितावत् को कर्तृवाच्य में प्रयोग किया।

बाद में तो -त कर्मवाच्य का प्रत्यय हो गया और तवत् कर्तृवाच्य का तेन् कृतम् लेकिन स क्तवान्, सा कृतवती। गत्यर्थक क्रिया के साथ तो त भी कर्तृवाचक ही होता है-स गतः या स गतवान्।

62. कृत्य (य आय्य एन्य त्व तव्य अनीय)

त प्रत्यय के समान ही कुछ अन्य प्रत्यय सीधे धातुओं में जुटते हैं और नियत रूप से कर्मवाच्य के होते हैं।

सबसे पुराने प्रत्यय हैं-य, -आय्य, -एन्य और त्व, तथा य छोड़कर सभी ऋग्वेद तक ही सीमित हैं। अथर्ववेद में पहली बार -तव्य और -अनीय का सूत्रपात होता है, और ये सम्पूर्ण भाषा में मेघ की तरह छा जाते हैं।

इन सब प्रत्ययों को एक शब्द में कृत्य कहते हैं, और ये सभी सबल प्रत्यय हैं।

-य प्रत्यय के पहले

(1) धातु का अन्तिम आ ए हो जाता है- दा देय।

(2) धातु का अन्तिम ई उ ऊ ऋ कहीं गुण कहीं वृद्धि धारण करता है - ली लाय्य, भू भाव्य भव्य, हु हव्य, वृ वार्य।

(3) धातु का मध्यवर्ती इ उ ऋ गुण धारण करता है, तथा अ आ हो जाता है- द्विष् द्वेष्य, युध् योध्य, ऋध् अर्ध्य, मृज् मार्ज्य, वच् वाच्य, लेकिन गुह् गुह्य।

(4) ह्रस्व स्वर के बाद एक त् चला आता है-इ इत्य, कृ कृत्य, श्रु श्रुत्य।

-आय्य पन् पनाय्य, पिद् पिदाय्य, श्रु श्रवाय्य।

-एन्य द्विष् द्विषेण्य, युध् युधेन्य, वृ वरेण्य।

-त्व कृ कर्त्व, हि हेत्व, सु सोत्व भू भवित्व।

-तव्य और -अनीय सर्वाधिक प्रचलित प्रत्यय है, यद्यपि इसका आरंभ बहुत बाद में हुआ। पा. तव्यत्तव्यानीयरः।

क्रियात्मक अव्यय

क्रियात्मक विशेषण तो कर्ता के लिंग, पुरुष और वचन के अनुसार बदलते हैं। लेकिन ऐसे ही एक दो तत्त्व हैं जो बदलते नहीं। उन्हें क्रियात्मक अव्यय कह सकते हैं।

63. पूर्वकालिक क्रिया (क्त्वा, ल्यप्)

पूर्वकालिक क्रिया मुख्य क्रिया के पहले सम्पन्न होती है। यह त्वा त्वी और त्वाय - इन तीन प्रत्ययों से बनती है। ये अबल प्रत्यय हैं और धातुओं में वैसे ही परिवर्तन होते हैं जो निष्ठा के त के पहले होते हैं।

त्वा - भू भूत्वा, कृ कृत्वा, श्रु श्रुत्वा, वृ वृत्वा, पा पीत्वा, हा हित्वा, भिद् भित्त्वा, युज युक्त्वा, हन् हत्वा, गम् गत्वा, यज् इष्ट्वा, तृ तीर्त्वा, बन्ध बद्ध्वा, ग्रह् गृहीत्वा।

त्वी - कृ कृत्वी, गम् गत्वी, हा हित्वी।

त्वाय – गम् गत्वाय, हन् हत्वाय, कृ कृत्वाय।

उपसर्ग युक्त व्यंजन और दीर्घस्वरान्त धातु के बाद य लगता है तथा ह्रस्व स्वरान्त धातु के बाद त्य – नि-षद् निषद्य, सं-भू संभूय, आ-रभ् आरभ्य; आ-इ एत्य, अभिजि अभिजित्य, आ-दृ आदृत्य; नमस्+कृ नमस्कृत्य। आ-गम् आगत्य।

णमुल्

वैदिक भाषा के सन्ध्याकाल में कुछ अम् भागान्त शब्दरूप लगभग पूर्वकालिक क्रिया के अर्थ में ही प्रयुक्त होने लगे थे – शाखां समालम्भम् (डाल पकड़ कर), महानागमभिसंसारम् (बड़े साँप की ओर बढ़ते हुए)

बाद में यह एक सबल प्रत्यय के रूप में विकसित हुआ। लौकिक संस्कृत में इसके अनोखे प्रयोग दीख पड़ते हैं।

भू भावं भावम्
दृश् दर्शं दर्शम्
स्मृ स्मारं स्मारम्

समस्त रूप

विप्र-दर्शम् = सभी ब्राहणों को देखकर
ब्राह्मण-वेदम् = सभी ब्राह्मणों को जानकर
चारुशिलोपवेशम् = सुन्दर शिला पर बैठकर। संस्कृत में णमुल् का प्रयोग खूब हुआ है।

64. क्रियार्थी क्रिया (तुमुन्)

वेद में कुछ प्रत्ययों से बने हुए शब्द कर्म, सम्प्रदान, संबंध और अधिकरण एकवचन के रूपों में प्रयोजन बताने के लिए प्रयोग में आने लगे। उन्हें क्रियार्थी क्रिया कहते हैं।

1. कुछ धातु ही संज्ञा बनकर उपर्युक्त कारकों की विभक्तियाँ धारण कर लेती हैः परा-दा परादै, प्र-हि प्रह्ये, मी मिये। मह् महे, दृश् दृशे, भुज् भुजे। सम्-इध् समिधम्, आरुहम्, शुभम्, प्रतिरम्। आतृदः, अवपदः सम्पृचः। संचक्षि, दृशि, संदृशि, बुधि।

2. कुछ असामान्य प्रत्ययों से बनी संज्ञायें अनेक रूप धारण करती हैं-

अस्- चक्षसे, चरसे भियसे।

इ - तुजये, दृशये, मध्ये, युधये।

ति - इष्टये, पीतये, वीतये, सातये।

तु - इससे बने रूप उपर्युक्त सभी कारकों में दीखते हैं - अत्तवे, एतवे, ओतवे पातवे। प्रष्टुम्, द्रष्टुम्, कर्तुम्, याचितुम्, खनितुम्। संस्कृत में आते आते केवल यही रूप रह गया और सभी लुप्त हो गये। एतोः गन्तोः हन्तोः।

तु से ही बने कुछ सबल रूप हैं - एतवै, गन्तवै, पातवै। ति का भी एक सबल रूप है इत्यै।

मन् - त्रामणे, दामने, धर्मणे।

धि - पिबध्यै, इयध्यै, स्तवध्यै।

वन् - तुर्वणे, दावने, धूर्वणे।

तर् - धर्तरि, विधर्तरि।

सन् - नेषणि, पर्षणि, सक्षणि।

पाणिनि ने एक ही सूत्र में इन सबों को समेट लिया है - तुमर्थे से-सेन्-असे-असेन्-क्से-कसेन्-अध्यै-अध्यैन्-कध्यै-कध्यैन्-शध्यै-शध्यैन्-तवै-तवेङ्-तवेनः।

नवम अध्याय

बनावटी क्रियायें

65. प्रेरणार्थक (णिच्)

साधारण धातु में प्रायः -अय जोड़कर प्रेरणार्थक क्रिया बनती है। धातु का अन्तिम स्वर वृद्धि अवस्था में हो जाता है और मध्यवर्ती स्वर गुण अवस्था में - भू भावय-, विद् वेदय- क्रुध् क्रोधय-क्लृप कल्पय। मध्यवर्ती अ प्रायः दीर्घ हो जाता है - नश् नाशय-, पत् पातय- पतय-, गम् गमय-, जन् जनय-, दम् दमय-।

आकारान्त धातुओं में -पय लगता है-धा धापय-, स्था स्थापय- स्ना स्नापय-, स्नपय-, ज्ञा ज्ञापय-ज्ञपयं

सामान्य क्रियाओं की तरह इनके भी सभी कालों और अर्थों में रूप हो सकते हैं तथा निष्ठा, कृत्य आदि प्रत्यय लग सकते हैं।

कर्मवाच्य के -य के पहले -अय हट जाता है -: स्थापय - स्थाप्य-।

निष्ठा के त के पहले भी -अय हट जाता है -: चोरय - चोरित।

तव्य के पहले तो -अय- रहता है लेकिन य, अनीय के पहले लुप्त हो जाता है - स्थापयितव्य लेकिन स्थापनीय, स्थाप्य।

66. नामधातु

संज्ञा या विशेषण को क्रिया में बदलने से नामधातु बनते हैं। इसका मुख्य प्रत्यय है -य। इसके लगने पर संज्ञा या विशेषण का अन्तिम अ प्रायः ज्यों का त्यों रह जाता है - मंत्र मंत्रय-, अर्थ अर्थय-। शब्द का अन्तिम इ उ दीर्घ हो जाता है - कवि कवीय-, रयि रयीय-, ऋजु ऋजूय-, वसु वसूय-।

अन्तिम अ भी कभी तो दीर्घ हो जाता है और कभी ई में बदल जाता है - अश्व अश्वाय-, ऋत ऋताय-, पुत्र पुत्रीय-, अध्वर अध्वरीय। कभी तो अ भी लुप्त हो जाता है - तविष तविष्य। अन्तिम आ ज्यों का त्यों रहता है-गोपाय-, पृतनाय-।

अन्तिम व्यंजनों में कोई विकार नहीं आता- भिषज् भिषज्य-, नमस् नमस्य-, वधर् वधर्य-।

कुछ शब्दों में बिना कुछ जोड़े ही क्रिया बना देते हैं - भिषज् भिषक्ति। इस प्रक्रिया से संस्कृत में किसी शब्द को क्रिया में बदलने लगे-रामति, कृष्णति, इत्यादि।

रूपावली

3	नमस्यति	नमस्यतः	नमस्यन्ति
2	नमस्यसि	नमस्यथः	नमस्यथ
1	नमस्यामि	–	नमस्यामः नमस्यामसि
आ.			
3	नमस्यते	नमस्येते	नमस्यन्ते
2	नमस्यसे	नमस्येथे	–
1	नमस्ये	–	नमस्यामहे
आज्ञार्थ पर.			
3	नमस्यतु	नमस्यताम्	नमस्यन्तु
2	नमस्य	नमस्यतम्	नमस्यत
–आ.			
3	–	–	नमस्यन्ताम्
2	नमस्यस्व	–	नमस्यध्वम्
विध्यर्थ पर.			
3	नमस्यात्	नमस्यातः	नमस्यान्
2	नमस्याः	–	–
1	नमस्या	–	–
आ.			
3	नमस्याते	–	–
2	नमस्यासे	–	–
1	–	–	–
इच्छार्थ पर.			
3	नमस्येत्	–	–
2	नमस्येः	–	–

1	–	–	नमस्येम
आ.			
3	नमस्येत	–	–
2	–	–	–
1	–	–	–
भूतकाल पर.			
3	अनमस्यत्	नमस्यताम्	अनमस्यन्
2	अनमस्यः	–	–
1	–	–	–
आ.			
3	अनमस्यत	–	अनमस्यन्त
2	–	अनमस्येथाम्	–
1	–	–	–

67. इच्छाबोधक (सन्)

साधारण क्रिया से –स प्रत्यय के द्वारा इच्छाबोधक क्रिया बनती है। –स के पहले धातु दुहराता है, और कभी कभी –इ– का भी सहारा लिया जाता है। अभ्यास के प्रथम अक्षर पर अ ऋ की जगह इ आ जाता है– भू बुभूष–, नी निनीष–, दा दिदास–, पत् पिपतिष–, कृ चिकीर्ष–, भिद बिभित्स। जि जिगीष–, गुह् जुगुक्ष– गम् जिगमिष– जिगांस–, जीव जिजीविष–।

इनके रूप सभी कालों और अर्थों में हो सकते हैं।

रूपावली

वन् विवास–

वर्तमान पर.

3	विवासति	विवासतः	विवासन्ति
2	विवाससि	विवासथः	–
1	विवासामि	–	विवासामः
आ.			
3	विवासते	–	विवासन्ते
2	विवाससे	–	–

1	विवासे	–	विवासामहे

आज्ञार्थ

3	विवासतु	विवासताम्	विवासन्तु
2	विवास	विवासतम्	विवासत

विध्यर्थ

3	विवासात्		विवासान्
2	–	–	–
1	विवासानि	–	–

इच्छार्थ पर.

3	विवासेत्	–	–
2	–	–	–
1	विवासेयम्	–	विवासेम

आ.

3	–	–	–
2	–	–	–
1	विवासेय	–	–

भूतकाल (लङ्)

3	अविवासत्	–	अविवासन्
2	अविवासः	–	–
1	–	–	–

आसन्नभूत (लुङ्) अचिकित्सीः
कृत्य दिदृक्षेण्य शुश्रूषेण्य
निष्ठा मीमांसित

68. पौनः पुन्य बोधक (यङ्)

कुछ व्यंजनादि धातुओं को एक विचित्र ढंग से दुहराकर पौनः पुन्य-बोधक क्रिया बनती है। इस दुहराये हुए धातु का पहला अक्षर दीर्घ या गुण स्वर धारण करता है। सबल व्यंजनादि विभक्ति के पहले -ई- आ जाता है।

निज् नेनिज् - विज् वेविज्-, काश् चाकश्- इत्यादि अंगों में परस्मैपद

विभक्ति तो लगती ही है, आत्मने पद विभक्ति भी लगती है।

यदि इन्हीं अंगों को -य- से आगे बढ़ा देते हैं, तब केवल आत्मने पद विभक्ति लगती है।

रूपावली

निज् नेनिज् - पर.

3 नेनेक्ति नेनेजीति नेनिक्तः नेनिजति

2 नेनेक्षि नेनिक्थः -

1 नेनेज्मि नेनेजीमि - नेनिज्मः नेनिज्मसि

आ.

3 नेनिक्ते नेनिजाते नेनिजते

2 - - -

1 नेनिजे - -

-य से बढ़ाये हुए अंग

3 वेविज्यते (विज्) - मर्मृज्यन्ते (मृज्)

2 चोस्कूयसे (स्कु) - -

1 - - -

क्रियात्मक विशेषण चर्चूर्यमाण (चर्), नेनीयमान (नी), मर्मृज्यमान (मृज्) क्रन्द् से कनिक्रदत्

आज्ञार्थ

3 जागर्तु जागरीतु जागृताम् -

2 जागृहि, जागरीहि जागृतम् जागृत

उपनिषद् में एक बार जागृत की जगह जाग्रत आया है।

विध्यर्थ पर.

3 नेनिजत् - नेनिजन्

2 नेनिजः - -

1 नेनिजानि नेनिजाव नेनिजाम

आ.

3 - नेनिजैते नेनिजन्त

2 - - -

1 - - -

इच्छार्थ पर.

3	वेविश्यात् (विश्) -		–
2	–	–	–
1	–	–	जागृयाम जाग्रियाम

आ.

3	नेनिजीत	–	–
2	–	–	–
1	–	–	–

भूतकाल के रूप

पर.

3	अजोहवीत्	–	अचर्कृषुः अदर्दिरुः
2	अजागः	अदर्दृतम्	
1	अचाकशम्	–	मर्मृज्म

आ.

3	अदेदिष्ट	–	मर्मृजत
2	–	–	–
1	–	–	–

विशिष्ट अंग

काश् चाकश् चाकशीति

हु जोहो जोहु जोहवीति

दिश् देदिश्

नी नेनी

नु नोनु

भू बोभू बोभोति बोभवीति

पत् पापत्

गम् जागम् गनीगम्

गृ जागृ

दृ दादृ दर्दृ दर्दिर्

धृ दाधृ दर्धृ

हृष् जर्हृष्

चर् चर्चर्

चल् चल्चल् कनिक्रन्द्

बाध् बाबध्

कृ करिकृ चरिकृ

सृ सर्सृ. सर्स्रे उत्तमपु. एकव.

ह्वर् से * जह्वर् द्वारा जर्भुरीति इत्यादि रूप बनते हैं जिसको लोग भ्रमवश भुर् धातु से मान लेते हैं।

तृतीय भाग

दशम अध्याय

वाक्य विचार

69. शब्द क्रम

कहा जा चुका है कि वैदिक भाषा में पाँच तरह के शब्द हैं-संज्ञा, सर्वनाम, विशेषण, क्रिया और अव्यय। संज्ञा, सर्वनाम, विशेषण और क्रिया का सांगोपांग वर्णन हो चुका है। अब वाक्य में उनका विन्यास विचारणीय है। अव्यय तो बदलते नहीं, इसलिये इसी प्रसंग में उन पर विचार होगा।

वाक्य बन जाने पर ही शब्दों के आपस में मिलने पर विचार किया जा सकता है, क्योंकि विभक्ति हटाकर ही दो शब्दों को जोड़ते हैं। अतः समास का प्रकरण कारकों के अन्त में होगा।

वेद में आत्मनेपद, कालों और अर्थों, क्रियात्मक विशेषणों तथा निमित्तबोधक क्रियाओं का भरपूर प्रयोग हुआ है, पर संस्कृत की ओर चलते हुए उनका प्रयोग घटता गया है। दूसरी ओर, कर्मवाच्य और पूर्वकालिक क्रिया का प्रयोग बहुत कम हुआ, लेकिन संस्कृत की ओर आते आते यह स्थिति उलट गयी। विध्यर्थ (लेट्) तो संस्कृत में लुप्त ही हो गया और विनियोगार्थ (आगम रहित भूतकाल) का प्रयोग निषेधार्थक मा के साथ सिमट कर रह गया।

वाक्य रचना के समय, कम से कम मन में, सबसे पहले कर्ता आता है, उसके बाद क्रिया। प्राक्संस्कृत में इसी शब्द क्रम से वाक्य का आरंभ हुआ था। बाद में जब अन्य कारकों का भाव विकसित होने लगा तो कर्ता और क्रिया के बीच कर्म आने लगा। प्राक्संस्कृत में व्याकरण नहीं था, इसलिए कर्ता और कर्म से भिन्न कारक को वाक्य के आदि में रखते थे। संस्कृत की ओर आते आते कर्ता-कर्म-क्रिया का क्रम तो स्थिर हो ही चुका था, विशेषण हमेशा विशेष्य के पहले रहने लगे थे।

मन में शब्दों का यही क्रम विशेषण-कर्ता + विशेषण-कर्म + क्रिया रहते हुए भी छन्दों में यह क्रम बदल सकता था - अग्निमीले पुरोहितम् = पुरोहित अग्नि को पूजता हूँ। प्रथम मंत्र को यदि गद्य में लिखें तो यह क्रम

होगा-रत्नधातमं होतारमृत्विजं यज्ञस्य देवं पुरोहितमग्निमीले। कर्ता, मन में ही सही, वाक्य के आदि में रहता है और कर्म क्रिया से ठीक पहले। अन्य कोई कारक बीच में आ जाता है। विशः क्षत्रियाय बलिं हरन्ति = किसान राजा को बलि देते हैं।

क्रिया पर यदि जोर दिया जाता है तो उसका प्रयोग पहले भी होता है-यन्ति वा आप एत्यादित्य एति चन्द्रमा यन्ति नक्षत्राणि = पानी बहता है, सूर्य चलता है, चन्द्रमा चलता है, नक्षत्र चलते हैं। जोर देने के लिये किसी शब्द को पहले रख सकते हैं-दिवि वै सोम आसीदथेह देवाः = स्वर्ग में ही सोम था, यहाँ देवता लोग।

उपसर्ग तो क्रिया के पहले ही रहता है, पर वेद में बाद भी, और हटकर भी- जयेम सं युधि स्पृधः = युद्ध में हम शत्रुओं को जीतें। आ सायकं मघवा अदत्त = इन्द्र ने बाण ले लिया।

वाक्य का आरम्भ अनुदात्त शब्दों से नहीं होता। उदात्त वाले शब्द यदि निपात हैं तो वे भी वाक्य के आदि में नहीं रह सकते। लेकिन अथ, अपि, उत वाक्य के आदि में रहते हैं।

70. वचन

पूरी जाति का बोध कराने के लिये एकवचन या बहुवचन का प्रयोग होता है। ब्राह्मणः पूज्यः या ब्राह्मणाः पूज्याः।

द्विवचन प्रायः स्त्री और पुरुष के जोड़े के लिए व्यवहार में आता है-पितरौ (रा) = माता पिता। मातरौ (रा) = माता पिता। किसी भी शाश्वत जोड़े के लिये इसका प्रयोग हो सकता है-द्यावा = द्यावापृथिवी। (स्वर्ग और धरती), मित्रा = मित्रावरुणा। (मित्र और वरुण)। यह परम्परा संस्कृत तक चली आयी है - जगतः पितरौ वन्दे पार्वतीपरमेश्वरौ।

उत्तम पुरुष का बहुवचन तो एक या दो के लिये भी हो सकता है। न यत्पुरा चकृमा = जो हम दोनों ने पहले नहीं किया। संस्कृत में भी ऐसा होता है - वयमपि सखीगतं किमपि पृच्छामः = मैं भी आपकी सखी के बारे में कुछ पूछता हूँ।

71. वचन और पुरुष का सामंजस्य

कर्ता के वचन के अनुसार तो क्रिया रहती ही है, लेकिन अभिप्राय के

अनुसार जहाँ कर्ता एकवचन रूप वाला भी है वहाँ क्रिया बहुवचन की होती है, अथवा कर्ता जहाँ रूप से बहुवचन है वहाँ क्रिया एकवचन की होती है-जयानु त्वोजुह्वति = बहुत लोग जय के लिये यज्ञ करते हैं। धृष्णवे धीयते धना = साहसी लोगों के लिये धन होता है।

कभी कभी दो एकवचन मिलकर क्रिया को द्विवचन का रूप देते हैं - इन्द्रश्च सोमं पिबतं बृहस्पते - हे बृहस्पते तुम और इन्द्र सोम पियो।

जहाँ क्रिया एक है पर कर्ता दो भिन्न भिन्न पुरुष के हैं वहाँ क्रिया तो द्विवचन या बहुवचन की होगी ही, पर पुरुष क्रमानुसार उत्तम, मध्यम और प्रथम ही होगा-अहं च त्वं च सं युज्याव = हम और आप मिलें। तं यूयं वयं चाश्याम = उसे हम और आप लें। लेकिन यह नियम सर्वमान्य नहीं है।

72. विशेषण और विशेष्य के लिंग

विशेषण का लिंग विशेष्य के अनुसार होता है, पर उसके बहुत से अपवाद भी हैं। संख्या वाचक शब्द को अपने विशेष्य से अलग रहना चाहिये-सप्तभिः पुत्रैः पंचसु जनेषु। नियमानुसार संख्या की विभक्ति तभी हटेगी जब वे व्यक्ति वाचक संज्ञा बनें-पंचजनाः, सप्तर्षयः। पर कभी भी इस नियम का पालन नहीं हुआ। संस्कृत में पंचभि र्ब्राह्मणैः की जगह पंच ब्राह्मणैः का प्रयोग देखने में आता है।

73. सर्वनाम

उत्तम और मध्यम पुरुष के सर्वनाम के बारे में तो कुछ कहना ही नहीं। इसके अनुदात्त रूपों का प्रयोग वाक्य के आदि में कभी नहीं होता।

शतपथ ब्राह्मण से त्वम् की जगह भवान् का प्रयोग शुरु हुआ, पर इसकी क्रिया अन्य पुरुष की होती है- वेत्थार्कम्? अथ वै नो भवान् वक्ष्यति = क्या तू अर्क को जानता है? वह तो आप बतायेंगे। यह भवान् वास्तव में वर्तमान क्रियात्मक विशेषण भवत् का ही सबलतर रूप है [भवन् (भवान्) भवन्तौ भवन्तः]।

इसके प्रयोग से पता चलता है कि समाज में किस तरह भेदभाव उत्पन्न हो चुका था। उसके पहले तो देवता, राजा तथा नौकर सबके लिये त्वम् का

ही प्रयोग होता था। इसी भवान् का संबुद्धि रूप भवः सिकुड़कर भोः बन गया। लेकिन संधि में भोः को भवः मानकर ही चलते हैं। इसी की अनुकृति पर संस्कृत में भगवः से भगोः हुआ।

निकटवर्ती वस्तु के लिये इदम् (अयम् इयम्) होता है। एतद् (एषः एषा) तो और भी निकटवर्ती के लिये। अदस् (असौ) सामने वाले के लिये और तद् (सः सा) परोक्ष के लिये।

अयम् और असौ दो छोर पर स्थित मालूम पड़ते हैं - अयमग्निरसौ सूर्यः = यह आग और वह सूरज। सः सचमुच निश्चय वाचक है- सोऽहम् = वही मैं। इसलिये संस्कृत में यह 'विख्यात' अर्थ में आने लगा - सा रम्या नगरी = वह (विख्यात) सुन्दर शहर।

74. कारक

कारक का अर्थ है कराने वाला, क्रिया को पैदा करने वाला। कारक एक ऐसी कल्पना है जिसके बिना क्रिया खड़ी ही नहीं हो सकती, और ऐसा न होने पर वाक्य ही नहीं बन सकता।

कारक वास्तव में दो ही हैं-कर्ता (करने वाला) और कर्म (क्रिया जानेवाला)। लेकिन इन्हीं दो अभिप्रायों को व्यक्त करने के लिये प्राक्संस्कृत की तीसरी सीढ़ी पर आठ प्रकार के शब्दरूप पैदा हेा गये। आज भी हम यदि चाहें तो इन आठ प्रकार के शब्दरूपों को कर्ता और कर्म के रूप में ढाल सकते हैं:

'बालकः पुस्तकं पठति' में कर्ता और कर्म तो हैं ही।

कर्मवाच्य 'बालकेन पुस्तकः पठ्यते' में अभिप्राय वही रहता है, पर सभी रूप बदल गये।

'विप्रमभिप्रेत्य गां ददामि' में दो क्रियाओं के दो कर्म हैं। यदि अभिप्रेत्य को हटा दें तो विप्रम् विप्राय हो जाता है-विप्राय गां ददामि।

'वृक्षमपेत्य पत्रं पतति' में वृक्षम् अपेत्य क्रिया का कर्म है। यदि अपेत्य को हटा देंगे वृक्षम् की जगह वृक्षात् हो जाता है- वृक्षात्पत्रं पतति। पिता पुत्र मध्यायपति में यदि अध्याययति क्रिया को अधीते में बदल दें तो पिता पितृः हो जाता है, पुत्रम् पुत्रः - पितुः पुत्रोऽधीते।

'कालिदासः करोति' में यदि 'करोति' को 'क्रिया' से बदल देते हैं तो

कालिदासः की जगह कालिदास्य हो जाता है। फिर 'कालिदासः काव्यं करोति' में भी यदि ऐसा ही करते हैं तो कालिदासः कालिदासेन और काव्यम् काव्यस्य क्रिया।

इसी प्रकार, किसी आधारवाचक अव्यय के हट जाने पर संबंधित शब्द बदल जाता है- अयं पर्वतः। अत्र वह्निः = पर्वते वह्निः।

प्रसंग वश कभी कर्ता ही संबोधन बन जाता है, जब क्रिया से इसका संपर्क हट जाता है-बालको गच्छति = बालक! गच्छ।

प्राक्संस्कृत के आचार्यों का ध्यान इस ओर गया भी नहीं होगा। वैदिक भाषा के आचार्य इन स्थितियों को कैसे समझते थे, यह पता नहीं। पर पाणिनि ने जितने तरह के रूप देखे उतने ही कारकों की कल्पना कर ली और तदनुकूल उनकी परिभाषा भी कर दी - स्वतंत्रः कर्ता। कर्तुरीप्सिततमं कर्म। साधकतमं करणम्। कर्मणा यमभिप्रैति स सम्प्रदानम्। ध्रुवमपायेऽयादानम्। आधारोऽधिकरणम्। संबंध की परिभाषा उन्होंने नहीं दी, पर कर्ता और कर्म को संबंध में बदलते हुए तो दिखाया ही। पाणिनि के इस उपक्रम ने उन्हें प्रतिष्ठा के शिखर पर बैठा दिया और वे वैयाकरणों के अग्रणी हो गये।

75. कर्ता

कर्ता क्रिया से सीधा संबंध रखता है। यह प्रथमा विभक्ति से बनता है। विधेय भाग में भी प्रथमा विभक्ति वाला कोई शब्दरूप हो सकता है, पर उद्देश्य का कर्ता ही क्रिया को नियमित करता है- त्वं हि रत्नधा असि = तुम ही रत्न देने वाले हो। शिवासः सन्तो अशिवा अभूवन् = शिव होकर भी अशिव हो गये।

कर्म वाच्य में तो कर्म ही प्रथमा विभक्ति धारण करता है - त्वमुच्यसे पिता = तुम पिता कहे जाते हो।

कभी कर्ता को संबोधन में बदल देते हैं। लौकिक संस्कृत में तो यह पता नहीं चलता, क्योंकि कर्ता और संबोधन के रूप एक ही जैसे होते हैं। पर वेद में वाक्य के भीतर रहनेवाला अनुदात्त पद यह भेद खोल देता है-यूयं हि ष्ठा सुदानवः = क्योंकि तुम दानशील हो। दो संबोधनकी जगह एक को कर्ता भी बना देते हैं- इन्द्रश्च सोमं पिबतं बृहरस्पते।

76. कर्म

कर्म सकर्मक क्रिया का ईप्सिततम वस्तु है - अग्निमीले = अग्नि को पूजता हूँ।

लेकिन गत्यर्थक क्रिया का यह लक्ष्य है (जो कर्म से भिन्न अभिप्राय है)-यमं ह यज्ञो गछति = यज्ञ यम को जाता है। इन्द्रं स्तोमाश्चरन्ति = स्तुतियाँ इन्द्र को जाती हैं।

गत्यर्थक क्रिया का लक्ष्य यदि 'समय' है तो यह पूरी अवधि को बताता है-शतं जीव शरदो वर्धमानः = बढ़ते-बढते सौ साल जियो।

फिर यही बात अध्वा पर भी लागू होती है-स भूमिं विश्वतो वृत्वात्यतिष्ठद् दशांगुलम् = भूमि को चारों ओर से ढँक कर वह दश अंगुल आगे हो गया।

इसलिये कर्म के रूप वाले बहुत से अव्यय हैं - नक्तम् = रात को, कामम् = इच्छानुसार, चिरम् = देर तक।

बहुत से विशेषण इस प्रकार क्रियाविशेषण हो गये हैं - भद्रं जीवन्तः = सकुशल जीते हुए। संस्कृत में यह विशेष प्रचलित हैं - मन्दं मन्दं नुदति पवनः = हवा धीरे-धीरे ठेल रही है।

उपसर्गों के साथ, जिसे संस्कृत में कर्म प्रवचनीय कहते हैं-ग्रामं प्रति = गाँव की ओर। दक्षिणेन वाटिकाम् = फुलवाड़ी के दक्खिन, इत्यादि प्रयोग संस्कृत तक चले आये हैं।

कुछ सकर्मक क्रियाओं के दो कर्म होते हैं- श्वानं वस्तो बोध यितारमब्रवीत् = बकड़े ने कुत्ते को जगाने वाला बताया। अग्निं मन्ये पितरम् = अग्नि को पिता मानता हूँ। रेवन्तं हि त्वा शृणोमि = तुम्हें धनी सुनता हूँ। अग्निं होतारं प्र वृणे = अग्नि को होता चूनता हूँ।

कभी ऐसे दो कर्म को देखकर तो ऐसा लगता है कि दो वाक्य मिलकर एक हो गये हैं - अपो याचामि भेषजम् (= अपो याचामि + भेषजं याचामि) पानी से दवा मांगता हूँ। मिल जाने पर पहला कर्म दूसरे कारक का प्रतिनिधि मालूम पड़ता है। इसलिये पाणिनि ने ऐसे कर्म को अकथित कह दिया। संस्कृत में ऐसी क्रियाओं को गन कर रख दिया है - दुह् याच् पच् दण्ड् रुध् प्रछ् चि ब्रू जि शास् मन्थ् मुष्।

जिसे अकथित कहा है वही वास्तव में मुख्य कर्म होता है, क्योंकि कर्मवाच्य में वही प्रथमा विभक्ति धारण करता है - असौ गां पयो दोग्धिः अमुना गौः पयो दुह्यते।

वैदिक उदाहरण : दुहन्त्यूधर्दिव्यानि = थन से स्वर्गीय धन दूहते हैं। पृछामि त्वां परमन्तं पृथिव्याः = तुमसे पृथ्वी के अंत के बारे में पूछता हूँ। तत्त्वायामि = इसके लिये तुम्हारे पास आता हूँ।

77. करण

करण कारक का रूप तो कर्मवाच्य का कर्ता है, पर वेद में कर्मवाच्य का प्रयोग कम से कम हुआ है।

आरंभ चाहे जैसे हुआ हो, इसका प्रयोग बहुत व्यापक है।

1. यह क्रिया का साधन है-वयमिन्द्रेण सनुयाम वाजम् = इन्द्र द्वारा हम धन पायें।

अहन् वृत्रमिन्द्रो वज्रेण = वृत्र को इन्द्र ने वज्र से मारा।

इसके बाद 'साथ' का अर्थ विकसित हुआ-देवो देवेभिरागमत् = देव देवताओं के साथ आवे।

कभी 'से' का अर्थ प्रकट होता है - दिवा यान्ति मरुतो भूम्याग्निरयं वातो अन्तरिक्षेण याति = मरुत आकाश से जाते हैं, अग्नि धरती से, वात अन्तरिक्ष से। याति देवः प्रवता यात्युद्वता - देव आगे से जाते हैं, ऊपर से जाते हैं।

कई क्रियायें, संज्ञायें और अव्यय तो करण से ही संबद्ध दीखते हैं - अधेन्वा चरति मायया = बाँझ माया से चलता है। संस्कृत में कहते हैं - किं तया क्रियते धेन्वा = उस गाय से क्या करना। उषो वाजेन वाजिनि = हे उषा, धन से धनी हो। सह, साकम् इत्यादि के साथ प्रयोग प्रसिद्ध हैं।

78. सम्प्रदान

अभिप्रेत्य को हटाने से ही कर्म की जगह सम्प्रदान हुआ है।

बाद में तो कई क्रियाओं से सम्प्रदान सीधा संबंध रखने लगा-रत्नं दधाति विधते = भक्त को रत्न देता है। श्रदस्मै धत्त = इस पर श्रद्धा रखो। विशः क्षत्रियाय बलिं हरन्ति = किसान राजा को कर देते हैं।

सम्प्रदान 'के लिये, को' का वाचक है- देवान् देवयते यज = भक्त के लिये देव की पूजा करो। मदाय सोमः = सोम मस्ती के लिये है।

संस्कृत में क्रियार्था क्रिया के हट जाने पर भी कर्म की जगह सम्प्रदान आ जाता है - फलमाहर्तुं याति = फलाय याति (फल लाने जा रहा है)।

कभी तो यह क्रियार्था क्रिया की ही जगह ले लेता है - भोक्तुं याति = भोजनाय याति।

79. अपादान

अपेत्य क्रिया के हट जाने पर कर्म की जगह अपादान का रूप आया।

इसलिये गत्यर्थक क्रिया के साथ अपादान का प्रयोग होता है-असतः सदजायत = असत् से सत् पैदा हुआ। भुज्युं समुद्राद् ऊहथुः = समुद्र से भुज्यु को उठा लाये। शुनश्चिच्छेपं यूपादमुंचः = शुनःशेप को खूँटे से छुड़ाया। युयुतमस्मात् = इससे छुड़ाओ। गत्यर्थक क्रियाओं में बहुत अन्य क्रियायें आ जाती हैं।

अन्तर बताने वाले शब्द भी अपादान के साथ संबद्ध होते हैं-विश्वस्माद् इन्द्र उत्तरः = इन्द्र सबों से अच्छा है। प्राग्घोमात् = होम से पहले। तस्मात् = इसलिये, कस्मात् = क्यों। अ-कस्मात् = मत पूछो क्यों (सहसा)।

80. संबंध

वाक्य के ऊपरी सतह पर तो षष्ठी विभक्ति वाले शब्दरूपों का संबंध क्रिया से नहीं होता, पर निचली सतह पर तो वह कर्ता या कर्म ही होता है - 'कालिदासेन काव्यस्य कृतिः' में कालिदास कर्ता और काव्य कर्म होता है, यदि कृदन्त शब्द कृति अपने तिङन्त रूप करोति पर आ जाता है।

कुछ क्रियाओं का तो षष्ठी विभक्ति वाले शब्दरूपों से साक्षात् संबंध भी है-राजन्तमध्वराणाम् = अध्वरों को संभालते हुए। संस्कृत में है-मातुः स्मरामि = माँ को याद करता हूँ।

अस् क्रिया के साथ तो यह अधिकार बताता है-अस्माकमस्तु केवलः = केवल हमारा हो।

मुख्य रूप से यह 'का' का प्रतिनिधि है - देवानां दूतः देवों के दूत। देवानां सख्यम् = देवताओं की दोस्ती।

दो वाक्यों के जुटाने पर पहले वाक्य की क्रिया क्रियात्मक विशेषण का

षष्ठी वाला रूप वाक्य से लगभग अलग हो जाता है–सोऽगच्छत्+दश मासा अभवन् = तस्य गतस्य दश मासा अभवन्। तस्यालब्धस्य सा वागप चक्राम = उसका वेध हो जाने पर वह वाणी चली गयी। ब्राह्मण साहित्य में इसका प्रयोग शुरु हुआ और संस्कृत में पूरी तरह छा गया।

81. अधिकरण

क्रिया के आधार को अधिकरण कहते हैं और यह सप्तमी विभक्ति से बनता है। यह हिन्दी के 'में, पर' का प्रतिनिधि है। दिवि = स्वर्ग में, पर्वते = पहाड़ पर। आधार भावात्मक भी हो सकता है - तस्य सुमतौ स्याम = हम उसकी सुमति में हों।

अभिप्राय के अनुसार कुछ क्रियायें अधिकरण से संबंध रखती हैं - स इद्देवेषु गछति = वही देवों के पास जाता है।

कारकों के प्रयोग में इतना ढीलापन है कि किसी कारक के बदले किसी का प्रयोग हो सकता था। इसीलिये वैयाकरणों का कहना है कि - विवक्षाधीना कारकविभक्तिः।

क्रियात्मक विशेषण के साथ तो अधिकरण वाक्य से लगभग अलग हो जाता है। गच्छति रामे कौसल्यारोदीत् = राम के जाते समय कौसल्या रो पड़ी। वेद में ऐसे प्रयोग बहुत हैं - जाते अग्नौ = अग्नि के पैदा होने पर। यन्मरुतः सूर्य उदिते मदथ = मरुतो! जब तुम सूर्य के उगने पर खुश होते हो। संस्कृत में यह प्रयोग बहुत लोकप्रिय है। नाथे कुतस्त्वय्यशुभं प्रजानाम्।

82. क्रियात्मक विशेषण

जब दो वाक्य किसी कारणवश एक साथ मिलते हैं तो उस एक वाक्य में दो क्रियाओं का रहना असंभव हो जाता है। ऐसी स्थिति में पहली क्रिया को क्रियात्म्क विशेषण बन जाना पड़ा होगा। बालको गच्छति + बालको रोदति के एक वाक्य बनने पर गच्छति क्रिया को क्रियात्मक विशेषण गच्छन् बनना पड़ा। अब गच्छन् बालको रोदिति एक नया वाक्य है।

प्रायः सभी क्रियात्मक विशेषणों का आरंभ इसी तरह हुआ होगा। क्रियात्मक विशेषण अर्थ या अभिप्राय से तो क्रिया है पर रूप से विशेषण। इसलिये यह किसी कारक में देखा जा सकता है।

83. वर्तमानकालिक

हिन्दी में इसे 'ता हुआ' द्वारा व्यक्त कर सकते हैं-

विश्वमन्यो अभिचक्षाण एति = दूसरा विश्व को देखते हुए चलता है। तेऽर्चन्तः श्राम्यन्तश्चेरुः = वे गाते हुए, थकते हुए जा रहे थे।

परोक्षभूतकालिक (तस्थिवान् आदि) और आसन्नभूतकालिक क्रियात्मक विशेषणों का प्रयोग भी इसी प्रकार हुआ।

पर सभी कारकों में जितना व्यापक प्रयोग संस्कृत में है, उतना वेद में नहीं। संस्कृत में तो आसन्नभूतकालिक क्रियात्मक विशेषण है भी नहीं। केवल जमदग्नि आदि समस्त पदों में यह देखा जाता है।

84. निष्ठा (त)

इस क्रियात्मक विशेषण का प्रयोग तो शुरु हुआ होगा दो वाक्यों को जोड़ने के लिये ही (सोऽगच्छत्+सोऽपतत् = गतः सोऽपतत्), लेकिन स्वतंत्र क्रिया के रूप में इसका प्रयोग वेद में ही शुरु हो गया था - ततं मे अपस्तदु तायते पुनः = मेरा काम पूरा हो गया, इसे फिर किया जा रहा है। न त्वावाँ इन्द्र, कश्चन न जातो न जनिष्यते = हे इन्द्र, तुम्हारे जैसा कोई नहीं; न हुआ न होगा। कर्मवाच्य का प्रयोग बहुत पहले शुरु हो गया था-इष्टा देवता अथ कतम एते = देवता तो पूजे गये; ये कौन हैं?

कर्तृवाच्य वाला गतवान् आदि संस्कृत के द्वार पर शुरु हुआ।

85. कृत्य

यह मुख्य रूप से कर्मवाच्य का प्रत्यय है। सखा सखिभ्य ईड्यः = एक दोस्त को दूसरे दोस्त की प्रशंसा करनी चाहिये। य एक इद्धव्यश्चर्षणीनाम् = जो एक ही लोगों के द्वारा पुकारने योग्य है।

रिपवो हन्त्वासः = दुश्मनों को तो मार डालना चाहिये।

दक्षाय्यो नृभिः = लोगों के द्वारा अर्चनीय।

सवितुर्वरेण्यं भर्गो देवस्य = दिव्य सविता का प्रशंसनीय तेज। अग्निरीडेन्यो गिरा = अग्नि गीत से सराहने योग्य है।

तव्य और अनीय प्रत्यय वाले कृत्य का प्रयोग अथर्ववेद में शुरु हुआ

और लौकिक संस्कृत में सर्वत्र छा गया।

न ब्राह्मणो हिंसितव्यः = ब्राह्मण को नहीं मारना चाहिये। पुत्रो याजयितव्यः = बेटे से यज्ञ कराना चाहिये। उपजीवनीयो भवति = सहारे की तरह हो जाता है।

संस्कृत में कृत्यों का प्रयोग, अन्य क्रियाविशेषणों की तरह, सभी कारकों में होने लगा - त्वया पठितः पुस्तकः, मया पठिते पुस्तके, तेन स्तुताय विप्राय, मयि गन्तव्ये स गतः इत्यादि। कुछ कृत्य प्रत्ययान्त शब्द तो संज्ञा भी हो गये - कर्त्तव्य, कृत्य, कार्य।

86. पूर्वकालिक क्रिया

पूर्वकालिक क्रिया का प्रतिनिधि हिन्दी में -कर है: जाकर, खाकर। युक्त्वा हरिभ्यामुप यासदर्वाक् - जोतकर घोड़ों के साथ इधर आते। गूढ्वी तमो ज्योतिषोषा अबोधि = अन्धकार को छिपाकर प्रकाश के साथ उषा जगी है। यो हन्ति शुत्रमभीत्य = जो भिड़कर शत्रुओं को मारता है।

-अम् प्रत्ययान्त पूर्वकालिक क्रिया पैदा तो हुई वैदिक काल में ही, लेकिन उसका विस्तार हुआ संस्कृत में। अभिक्रामं जुहोति = आग के पास पहुँचकर होम करता है। संस्कृत में यह अपने कर्म से समस्त भी हो जाता है और अन्य अभिप्राय भी व्यक्त करता है-तं विप्रदर्शं कृतघातयत्ना यान्तं वने रत्रिचरी डुढौके। यह पूर्वकालिक क्रिया न होकर समकालिक क्रिया है।

87. क्रियार्था क्रिया

इसका मुख्य अर्थ है 'के लिये'। वेद में सम्प्रदान वाले रूप अधिक प्रचलित हैं, कर्म वाले बहुत कम। संस्कृत तक आकर केवल कर्म वाला रूप - तुम् रह गया।

देवा न आयुः प्रतिरन्तु जीवसे = देव जीने के लिये हमारी उम्र बढ़ाये। आ यातं पाराय गन्तवे = पार जाने के लिये आओ। इन्द्रमवर्धयन्नहये हन्तवा उ = अहि को मारने के लिये उन्होंने इन्द्र को बढ़ाया। ता वां वास्तून्युश्मसि गमध्यै - हम तुम्हारे उन स्थानों को जाना चाहते हैं।

शकेम त्वा समिधम् = हम तुम्हें जला सकते हैं। को विद्वांसमुप गात्

प्रष्टुमेतत् = विद्वान् के पास पूछने के लिये कौन जायेगा। भूयो वा दातुमर्हसि = फिर दे सकते हो।

युयोत नो अनपत्यानि गन्तोः = निर्वंश होने से हमें बचाओ। मा नो मध्या रीरिषतायुर्गन्तोः = मुझे बुढ़ापे की ओर जाने के पहले बीच ही में मत रोको।

सप्तम्यन्त रूप वाली क्रियार्था क्रिया प्रायः अस्पष्ट है।

संस्कृत में आते-आते केवल तुम्-प्रत्ययान्त क्रियार्था क्रिया ही बची, और इसका संबंध विशेष क्रियाओं और संज्ञाओं से हो गया = कालोऽयं भोक्तुम्। त्वदृते प्रापयितुं क ईश्वरः। प्रारभते गन्तुम्। शक्नोति वक्तुम्।

88. काल और अर्थ

सर्वसम्मत काल तीन हैं - भूत, वर्तमान और भविष्य। पुरातन लोग केवल वर्तमान को जानते थे। पहले क्या था और आगे क्या होगा-इससे उनका कोई मतलब नहीं था।

यदि कालान्तर में उन्हें भूत का एहसास हुआ तो उनकी भाषा यह बताने को तैयार नहीं हुई। पर धीरे-धीरे भाषा को यह भी बताना ही पड़ा।

हम यदि किसी पुरानी बात को याद करते हैं तो अनायास मुँह से आ निकल पड़ता है। संस्कृत नाटकों में इसका स्पष्ट प्रयोग है- आ स्मरामि। हाँ, हाँ, याद आयी।

प्राक्संस्कृत की दूसरी सीढ़ी पर क्रिया के पहले इसका प्रयोग होने लगा। उसका वह वाक्य आज भी प्रचलित है-इति ह आस (ऐसा कहते हैं, भूतकाल-होना = कहते हैं, ऐसा था)। ह तो अपने रूप से वर्तमान काल का बोधक है। पर स (प्राक्संस्कृत ष) को भूत बनाने के लिये आ लगाना पड़ा- आ-ष से आस हुआ। ह का भी भूतकाल वाला रूप आ-ह (कहा) बहुत प्राचीन है।

व्याकरण में सबसे पहले भूतकाल का ही जन्म हुआ। जब भूतकाल में पुरुष का भी भेद उभर पड़ा था तब वर्तमान का जन्म हुआ। यह बात बहुत पहले बता चुके हैं। भविष्य का प्रयोग तो वैदिक काल में भी बहुत पीछे हुआ है।

89. वर्तमान (लट्)

संस्कृत में वर्तमान का एक ही भेद है। यद्यपि वेद में बभूव, जगाम आदि परोक्षभूत के रूप को वर्तमान के निकट ले आते हैं और वेद (जानता हूँ) विद्वान् (जानता हुआ) आदि वर्तमान से ही संबद्ध दीखता है, संस्कृत के द्वार तक आते-आते वर्तमान एक ही रह गया।

फिर भी संस्कृत का वर्तमान बड़ा व्यापक है। यह एक ओर भूत को छूता है और दूसरी ओर भविष्य को। कदागतोऽसि? अयमागच्छामि (यह भूत को छू रहा है)। कदा गमिष्यसि? एष गच्छामि, (यह भविष्य को छू रहा है)।

इतनी, बात कह देने पर वर्तमान के लिए कहना क्या रह जाता है? परोक्षभूत का वर्तमान अभिप्राय यत्र तत्र द्रष्टव्य है-क्व त्यानि नो सख्या बभूवुः = हमारी वह दोस्ती कहाँ है।

प्राक्संस्कृत का ष-म (होना-भूतकाल) वेद में सिकुड़कर स्म बन चुका था और वर्तमान को भूत में बदलने लगा था। संस्कृत में तो यह नियमित परसर्ग बन चुका था (गच्छति स्म)।

वेद में ही वर्तमान से भविष्य का अभिप्राय व्यक्त होने लगा था-अहमपि हन्मीति होवाच = उसने कहा-मैं भी उसे मारूँगा।

संस्कृत में वर्तमान से इच्छादि अर्थ भी व्यक्त होने लगे थे-किं करोमि क्व गच्छामि को वेदानुद्धरिष्यति। किमात्मनिर्वदकथामुपेक्षे जायामदोषामुत संत्यजामि।

90. भूतकाल (लङ् लिट् लुङ्)

लौकिक संस्कृत की दृष्टि से रूपतः भूतकाल के तीन भेद हैं-आसन्न भूतकाल (लुङ्) अनद्यतन भूतकाल (लङ्) और परोक्षभूतकाल (लिट्)। लेकिन जिसे अनद्यतन (आज का नहीं) कहते हैं वही सर्वाधिक प्रचलित है।

वेद में लिट् (बभूव, जगाम) तो वर्तमान काल था, जिसका भूत था लिट्+लङ् (अबभूत्, अजगन्)।

परोक्षभूत (लिट्) वह भूतकाल है जो भूतकाल में शुरु हुआ और वर्तमान तक चला आया है। यह अपूर्णभूत है-वह चला है, आया है, चला इत्यादि।

क्वेदानीं सूर्यः। कश्चिकेत = इस समय सूर्य कहाँ है। कौन जानता है? को बिभाय = कौन डरता है? यत्सीमागश्चकृमा = जो अपराध हमने किया है। किमाग आस वरुण = हे वरुण, क्या अपराध हुआ है? वेद के ही मंत्रों में यह बहुत पहले की भी बात बताता है, जो संस्कृत में इसकी पहचान ही हो गयी।

संस्कृत के किसी कवि ने इसे उत्तम और मध्यम पुरुष में प्रयोग करने का साहस नहीं किया।

रुदोद मम्लौ विरुराव जग्लौ
बभ्राम तस्थौ विरराम दध्मौ।
चकार रोषं विचकार माल्यं
चकर्त वक्त्रं विचकर्ष वस्त्रम्।।

लेकिन यदि कर्ता को अपनी क्रिया का पता न हो तो इसका प्रयोग हो सकता है-सुप्ताहं विललाप किल = लोग कहते हैं कि मैं सोये सोये विलाप कर रही थी। झूठ बोलने में भी इसका प्रयोग करते हैं-नाहं कलिंगाञ्जगाम = कलिंग तो मैं कभी गया ही नहीं।

तथाकथित अनद्यतन भूतकाल (लङ्) का वर्तमान से कोई संबंध नहीं था। यह पुरानी घटना का वर्णन करता है-अहन्नहिम् = अहि को मारा। न वै त्वं तदकरोर्यद् अहमब्रवम् = मैंने जो कहा उसे तुमने नहीं किया।

आसन्न भूतकाल (लुङ्) निकटवर्ती भूत का सूचक है - प्रति दिवो अदर्शि दुहिता = स्वर्ग की पुत्री दिखायी पड़ी।

पूर्णभूत (लिट्+लङ्) तो भूत का भी भूत है, अतः यह भूतकाल है ही। अर्थ की दृष्टि से यह आसन्नभूत और अनद्यतनभूत से बहुत अलग नहीं है-अत्रा समुद्र आ गूळ्हमासूर्यमजभर्तन = तब तुमने समुद्र में छिपे हुए सूर्य को लाया।

पाणिनि ने तो अनद्यतन भूत (लङ्), आसन्नभूत (लङ्) और परोक्षभूत (लिट्) के अन्तर को बहुत स्पष्ट रूप से बताने की कोशिश की है। अनद्यतन भूत का वहाँ प्रयोग नहीं होता जहाँ 'आज' का स्पष्ट उल्लेख है। पर इसका प्रयोग सबसे व्यापक है। आसन्न भूत सचमुच निकटवर्ती भूत है, यद्यपि पाणिनि ने कोई समय सीमा नहीं बतायी है। परोक्ष भूत का प्रयोग तो संस्कृत में केवल प्रथम पुरुष में ही होता है, क्योंकि कोई क्रिया कर्ता से परोक्ष कैसे होगी?

91. भविष्य (लृट्, लुट्)

वेद में भविष्य का प्रयोग कम हुआ है। विध्यर्थ (लेट्) के साथ घ लगाने से ही भविष्य प्रकट होता था-आ घा गमद् यदि श्रवत् = यदि सुनेगा तो आ जायेगा। हिन्दी में भी तो यही बात है-सुने सुनेगा, सुनूँ सुनूँगा।

अनद्यतन भविष्य (लुट्) तो बनावटी क्रियारूप है-गन्तास्मि = मैं जाने वाला हूँ (जाऊँगा)। संस्कृत में भी इसका ज्यादा प्रयोग नहीं हो पाया। यदि भूल से किसी ने अद्य के साथ इसका प्रयोग कर दिया तो युद्ध की जैसी स्थिति हो जाती है।

92. आज्ञार्थ (लोट्)

वेद में आज्ञार्थ का प्रयोग उत्तम पुरुष में नहीं होता था।

यदि भूतकाल के रूपों से अ आगम को हटा दें तो बहुत रूपों के बारे में कहना मुश्किल हो जायेगा कि ये रूप आज्ञार्थ के हैं या विनियोगार्थ के। संस्कृत में विनियोगार्थ के रूप केवल मा के साथ आते हैं, अतः उन्हें पहचान लेते हैं, पर वेद में ऐसी कोई पहचान नहीं है।

आज्ञार्थ मुख्य रूप से आज्ञा का बोधक है, पर इसे इच्छा तथा प्रार्थना की ओर जाते हुए देर नहीं लगती-देवाँ एहावह = देवताओं को यहाँ लाओ। अहेडमानो बोधि = नाराज न हो। वरं वृणीष्वाथ मे पुनर्देहि = वर माँगो और फिर मुझे दो।

93. विध्यर्थ (लेट्)

जहाँ आज्ञार्थ में आज्ञा है और इच्छार्थ में इच्छा या प्रार्थना है, विध्यर्थ दोनों के बीच में है। इच्छार्थ की इच्छा या प्रार्थना ठुकरा दी जा सकती है, आज्ञार्थ की इच्छा या प्रार्थना को मानना ही पड़ेगा, वहाँ विध्यर्थ की इच्छा या प्रार्थना कर्ता के ही वश का है।

इसलिये खास खास क्रियायें ही आज्ञार्थ, विध्यर्थ और इच्छार्थ से संबद्ध हो गयी हैं।

विध्यर्थ से उत्तम पुरुष में प्रबल इच्छा व्यक्त होती है-स्वस्तये वायुमुप ब्रवामहै = स्वस्ति के लिये हम वायु को बोलते हैं। जेषाम = जीतें।

मध्यम पुरुष में आज्ञा अवश्य है, पर प्रार्थना तक - हनो वृत्रं जया अपः = वृत्र को मारिये, पानी जीतिये।

प्रथम पुरुष में प्रार्थना मात्र है-इमं नः शृणवद्धवम् = हमारी पुकार सुने।

94. इच्छार्थ (लिङ्)

इच्छार्थ मुख्य रूप से इच्छा व्यक्त करता है, लेकिन पुरुष के अनुसार अभिप्राय में कुछ अन्तर आता है।

वयं स्याम पतयो रयीणाम् = हम धन के स्वामी हों। हवमाजगम्यातम् = मेरी पुकार पर आओ (यह मेरी इच्छा है)। मीढ्वाँ अस्माकं बभूयात् = हम पर दयालु होवे।

ये ही रूप भिन्न भिन्न प्रसंगों में अपना अभिप्राय बदलते रहते हैं।

संस्कृत में भविष्यात्मक भूत (लृङ्) से इसका सहयोग देखा जाता है-यदि न दण्डयेद्राजा शूले मत्स्यानिवापक्ष्यन् निर्बलान्वलबत्तराः = यदि राजा दण्ड न दे तो बलवान निर्बल को शूल पर मछली की तरह पका दें।

95. आशीरर्थ (आशीर्लिङ्)

यह आशीर्वाद और शाप देने वाला क्रियारूप है-वीरप्रसवा भूयाः = वीर को जन्म दो। कृतार्थो भूयासम् = सफल होऊँ। यो नो द्वेष्ट्यधरः सः पदीष्ट = जो हमसे दुश्मनी करता है वह नीचे गिरे।

आशीरर्थ का प्रयोग तो संस्कृत में भी बहुत कम हुआ, यद्यपि वैयाकरणों ने इसके परस्मैपद और आत्मनेपद वाले रूपों का भी जिक्र किया है।

96. भविष्यात्मक भूत (लृङ्)

'ऐसा होता' इस अर्थ में इसका प्रयोग होता है, पर ऋग्वेद में एक ही प्रयोग है जो स्पष्ट नहीं है।

कस्माद्ध्यभेष्यत् = क्यों डरता? 'यदि' के साथ इसका प्रयोग प्रायः देखा जाता है-वृष्टिरभविष्यच्चेत्सुधान्यमभविष्यत् = बरसा होती तो अच्छी फसल होती।

संस्कृत में इसका प्रयोग इच्छार्थ के साथ भी होता है, पर दो भविष्यात्मक भूत का प्रयोग ही अधिक लोकप्रिय रहा है।

97. समास

समास तो किसी दो तत्त्वों के जोड़ने को कहते हैं, लेकिन वास्तव में जिसे हम समास नाम से जानते हैं वह दो सुबन्तों या शब्दरूपों का योग है। रामश्च रामश्च = रामौ - यह भी समास ही है, लेकिन रामश्च लक्ष्मणश्च = रामलक्ष्मणौ को ही हम द्वन्द्व समास कहते हैं।

उपसर्ग और क्रिया का योग भी समास ही है पर हम प्रायः ऐसा नहीं कहते हैं। उपसर्ग के योग से क्रिया का अर्थ बदल जाता है। उपसर्ग ये हैं-अच्छ, अति, अधि, अनु, अन्तर्, अप, अपि, अभि, अव, आ, उद्, नि, निस्, परा, परि, प्र, प्रति, वि, सम्।

कुछ अव्यय भी क्रिया के साथ जुट जाते हैं-अरम्-कृ। आविस्-कृ। तिरस्-कृ। पुरस्-कृ। कृ के सिवा भू और अस् भी जुटते हैं। श्रद् केवल धा के साथ जुटता है। प्रादुर् भू अस् के साथ जुटता है।

संस्कृत तक आते-आते उपसर्गों और क्रियाओं के योग नियमित हो गये थे और कभी-कभी आत्मनेपद की जगह परस्मैपद तथा परस्मैपद की जगह आत्मनेपद विभक्ति लगने लगी थी। गच्छति प्रायः पर. विभक्ति लेता है, लेकिन सम् के साथ सं-गच्छते। संस्कृत व्याकरण में इसका विस्तार से वर्णन हुआ है।

प्रायः दो शब्द रूप अपनी विभक्ति छोड़कर मिल जाते हैं। मिल जाने पर अन्तिम शब्द फिर उचित विभक्ति धारण कर लेता है। वैदिक समास की विशेषता यह है कि दोनों शब्दों का उदात्त किसी एक पर आ बैठता है।

98. द्वन्द्व

जब एक ही विभक्ति वाले दो संज्ञा मिलते है तो उसे द्वन्द्व कहते हैं-रामश्च लक्ष्मणश्च = रामलक्ष्मणौ। लेकिन वेद में प्रायः दोनों शब्द द्विवचन रूप ही धारण करते हैं-मित्रा वरुणा, मातरा पितरौ। उदात्त भी दोनों पर ही रहता है। इसलिये इन्हें देवताद्वन्द्व कहते हैं। लेकिन धीरे-धीरे पहला

शब्द अपने मूल रूप पर आने लगा-इन्द्रवायू, तब उदात्त भी अन्तिम शब्द पर आ गया।

फिर बहुवचन के रूप भी आने लगे-अजाश्च अवयश्च = अजावयः (भेड़-बकरे), भद्राश्च पापाश्च = भद्रपापाः।

फिर द्वन्द्व समास नपुंसक एकवचन भी होने लगे-इष्टापूर्तम्, कृताकृतम्।

संस्कृत में आते-आते जटिल नियम बनने लगे-अहिनकुलम्, गंगाशोणम् (लेकिन गंगा-यमुने), हस्तपादम्।

मातरौ = माँ बाप, पितरौ = माँ बाप, पुत्रौ = बेटा बेटी।

99. कर्मधारय

जब विशेषण और संज्ञा का योग होता है तो उसे कर्मधारय कहते हैं-कृष्णः काकः = कृष्णकाकः। कृष्णशकुनिः, महाग्रामः, हरिश्चन्द्रः।

लेकिन यदि पहला पद संज्ञा है तो दूसरा पद उपमान वाची होगा-पुरुषव्याघ्र, पुरुषमृगः। जमदग्नि (=गमद् + अग्नि), भरद्वाज, धारयत्कवि जैसे समास भी कर्मधारय ही हैं।

100. तत्पुरुष

जब कर्ता से भिन्न कारक का किसी अगले पद से समास होता है तो उसे तत्पुरुष कहते हैं-देव-मादन (देवता को प्रसन्न करनेवाला), इन्द्रपातम (ज्यादातर इन्द्र से पिया जाने वाला), विश्वशंभू (सबको सुख देनेवाला), राजपुत्रः (राजा का पुत्र), उद-प्लुत (पानी में तैरने वाला)।

बहुत से तत्पुरुष समासों में पहले पद से विभक्ति नहीं हटती-धनंजय, गिरावृध्, दिवोजा, शुनःशेप, ब्रह्मणस्पति, रथेष्ठाः। संस्कृत व्याकरण में ऐसे समास को अलुक् समास कहते हैं।

101. बहुव्रीहि

कर्मधारय समास जब किसी अन्य का विशेषण बन जाता है तो उसे बहुव्रीहि कहते हैं-इन्द्रशत्रुः (इन्द्रः शत्रुः यस्य)। बहुव्रीहि समास में उदात्त प्रथम पद पर चला आता है। यदि यही इन्द्रशत्रुः तत्पुरुष (इन्द्रस्य शत्रुः) हो

तो उदात्त द्वितीय पद पर चला आता है। उसी प्रकार राजपुत्रः यदि तत्पुरुष का है तो उदात्त पुत्र पर रहेगा; यदि यह बहुव्रीहि है तो उदात्त प्रथम पद पर रहेगा। कहते हैं, इसी गलती के कारण वृत्र मारा गया था।

कुछ समास का पूर्वपद अव्यय होता है-अतिरात्र (रात बिताकर) अनुकाम (इच्छानुसार)। ये अव्ययीभाव समास हैं।

कुछ वाक्यगत शब्द ही सटकर समास हो गये हैं-याद्राध्यम् (जितनी जल्दी), अहमुत्तर (मैं पहले), ये-यजामहे। संस्कृत में यावज्जीवम् आदि ऐसे ही समास हैं। संस्कृत में ऐसे सभी समास अव्ययीभाव की कोटि में ही आते हैं।

वाक्य में कुछ दुहराये हुए शब्दों को भी समास मान लेते हैं। अहरहः, दिवे दिवे, द्यवि द्यवि, पञ्च पञ्च। इन्हें समास मानने का मुख्य कारण यही है कि उदात्त पहले पद पर चला आता है।

एकादश अध्याय

कृदन्त

हमने देखा कि प्राक्संस्कृत की पहली सीढ़ी पर अक्षर ही शब्द थे और वे ही संज्ञा, सर्वनाम, विशेषण, क्रिया और अव्यय भी थे।

दूसरी सीढ़ी पर विशेष अभिप्राय वाले दूसरे अक्षर जोड़कर नये शब्द बनाये गये। अज, गज, घोट आदि ऐसे ही शब्द हैं।

तीसरी सीढ़ी पर आते आते पहली सीढ़ी के ही छोटे-छोटे वाक्य घिस-पिट का शब्द बन गये और उनके अर्थ तो कहीं से कहीं चले गये। इस प्रकार पहली सीढ़ी का तनष हो गया तनस्, व ण ष हो गया वनस्, ण ग हो गया नक्, इत्यादि।

तीसरी सीढ़ी पर भाषा युवावस्था तक पहुँच गयी थी और इसमें प्रजनन शक्ति आ गयी। तनस् शब्द से तन् धातु का विकास हुआ, और उसके अन्तिम भाग अस् की अनुकृति पर प्रत्यय पैदा हुआ।

इस प्रकार पुराने शब्दों का विश्लेषण कर नये धातुओं की खोज शुरु हुई और उन में नये नये प्रत्यय लगाकर नये शब्दों का निर्माण शुरु हुआ।

क्रियाओं से जिन प्रत्ययों के द्वारा नये शब्द बनते हैं उन्हें कृत् कहते हैं, जिसका अर्थ है 'पैदा करने वाला'।

मुख्य प्रत्यय ये हैं-

0. कुछ धातु बिना प्रत्यय लगे ही संज्ञा या विशेषण बन जाते हैं-कुछ स्वतंत्र रूप से, कुछ किसी पूर्ववर्ती शब्द की छाया में। दा देने वाला, भिद् भेदने वाला, स्पश् देखनेवाला, इत्यादि। हुतभुज् हवन खाने वाला (अग्नि), बलभिद् बल को भेदने वाला (इन्द्र)।

अ - यह एक विशाल प्रत्यय है जिससे अनेक प्रकार के शब्द बनते हैं-कभी धातुस्वर में गुण बुद्धि लाकर, कभी उसे छोटा कर, कभी किसी पूर्ववर्ती शब्द के सहारे। यथा विद् वेद, बुध् बोध, भज् भाग, प्री, प्रिय, कुंभकार इत्यादि।

अन्	राज् राजन्, उद् उदन्
अन	भोजन, हवन, भुवन, गेमन
अना	जरणा, योषणा, योजना
अनि	अरणि, चर्षणि, वर्तनि

अस्	मनस्, अपस्
आ	गमया, निन्दा
इ	आजि, चक्रि, दधि
इस्	अर्चिस्, ज्योतिस्
उ	तनु, पादु, जानु
उन	तरुण, वरुण
उस्	धनुस्, जयुस्, वनुस्
ऊ	धनू, चमू, वधू
क	शुष्क, अत्क
ति	कीर्ति, इष्टि, राति, गति
तु	अक्तु, वस्तु, वास्तु
तृ	कर्तृ, गन्तृ, सवितृ
त्नु	स्तनयित्नु
त्र	जैत्र, यजत्र, पात्र, खनित्र
त्रा	मात्रा, अष्ट्रा
थ	गाथ, भृथ, रथ, रिक्थ
था	काष्ठा, गाथा
न	यज्ञ, यत्न, प्रश्न
ना	धेना, सेना, तृष्णा
नि	योनि, अग्नि
नु	धेनु, दानु
म	जिह्म, शग्म, इध्म
मन्	भूमन्, अश्मन्, जेमन्
मि	जामि, रश्मि
मी	भूमी, लक्ष्मी
यु	यज्यु, मन्यु, मृत्यु
र	गृध्र, वज्र, शूर
रि	भूरि, अश्रि, उस्रि
रु	चारु, भीरु, अश्रु
व	अश्व, शर्व, पक्व
वन्	ऋक्वन्, अध्वन्, ग्रावन्
स	गृत्स, उत्स
स्नु	जिष्णु, वधस्नु

द्वादश अध्याय

तद्धित

103. तद्धित

कृदन्त शब्दों के सिवा सर्वनाम तथा अव्ययों में लगने वाले प्रत्ययों को तद्धित कहते हैं।

तद्धित प्रत्यय संख्या में तो कम हैं पर उनके अर्थ अनेक हैं। पाणिनि ने उनका विस्तार से वर्णन किया है, जिससे उस समय के समाज का भी पता चलता है। अ – मरुत् –मारुत, देव–दैव, पृथिवी–पार्थिव, मनु–मानव।

आयन	काण्वायन
इ	सरथ–सारथि
इन्	धन–धनिन्
इय	अभ्रिया, इन्द्रिय
ईन	अर्वाचीन, प्राचीन
ईय	पर्वतीय, आहवनीय
एय	पौरुषय, सभेय
क	राजक, कुमारक
तन	नूतन, सनातन
ता, ताति	देवता, सर्वताति
त्य	अमात्य, नित्य
त्व, त्वन	अमृतत्व, सखित्वन
थ	चतुर्थ, सप्तथ
भ	वृषभ, गर्दभ
म	अवम, मध्यम
मत् वत्	धनवत् विधावत्, बुद्धिमत्
मय	मनस्मय, मृन्मय
य	पशव्य
र	अवर, धूम्र, रथिर

ल	कपिल, बहुल
वन्	मघवन्, अथर्वन्
विन्	मायाविन्, मनस्विन्
श	रोमश, अंकुश, कलश

104. स्त्री-प्रत्यय

पुं. से स्त्री बनाने के मुख्यतः दो प्रत्यय हैं-आ और ई।

संस्कृत व्याकरण में स्त्रीप्रत्यय एक बड़ा प्रकरण है और इस पर सूक्ष्मता से विचार हुआ है। पाणिगृहीता और पाणिगृहीती अन्तर भाषा का रूप उतना नहीं दर्शाता जितना उस समय के समाज का। शूद्रा और शूद्री का भेद वैदिक व्याकरण के लिये अत्यन्त अप्रासंगिक है।

त्रयोदश अध्याय

स्वर प्रक्रिया

105. स्वर प्रक्रिया

सारी वैदिक संहितायें तथा तैत्तिरीय और शतपथ ब्राह्मण स्वरचिह्न से युक्त हैं। तैत्तिरीयारण्यक और बृहदारण्यकोपनिषद् भी स्वरचिह्नसे युक्त हैं।

स्वर (आवाज) तीन तरह के हैं-उदात्त (ऊपर उठा हुआ), अनुदात्त (नीचे गिरा हुआ) तथा स्वरित (बीच का)।

ऋग्वेद, अथर्ववेद, वाजसनेयिसंहिता तथा तैत्तिरीय संहिता में स्वरचिह्न का एक ढंग है। मैत्रायणी और काठक संहिता में दूसरा ढंग है तथा शतपथ ब्राह्मण में तीसरा। सामवेद का ढंग सबसे अनोखा है।

ऋग्वेद आदि में उदात्त के लिये कोई चिह्न नहीं है। अनुदात्त के लिये अक्षर के नीचे एक लकीर है और स्वरित के लिये अक्षर के ऊपर खड़ी रेखा-दे॒वस्य॑ में व पर उदात्त स्वर है। उसी प्रकार अ॒ग्निना॑। लेकिन उदात्त के बाद स्वरित चिह्न देकर अनुदात्त को चिह्नित नहीं करते - भव॑ति में भ पर उदात्त है, लेकिन अनुदात्त ति को बिना चिह्न के ही छोड़ दिया है। यदि उस अनुदात्त के बाद फिर उदात्त आ जाये तो अनुदात्त का चिह्न पड़ जायेगा-भव॑ति॒ सः। वाक्य या पाद के आदि में यदि कई अनुदात्त हों और उसके बाद उदात्त आ जाये तो पूर्ववर्ती अनुदात्त अक्षर पर चिह्न लग जायेंगे-वै॒श्वा॒न॒रम्। स्वरित के बाद अनुदात्त अक्षरों पर तब तक चिह्न नहीं लगता जब तक आगे उदात्त नहीं आ जाता-इ॒मं मे॑ गंगे यमुने सरस्वति॒ शुतु॑द्रि। स्वर चिह्न का नियम पाद के अन्दर नहीं, श्लोकार्ध के अन्दर है। अतः अ॒ग्निना॑ र॒यिम॑श्नव॒त्पोष॑मे॒वदि॒वेदि॑वे इसका पदपाठ इस प्रकार होगा-अ॒ग्निना॑। र॒यिम्। अश्नवत्। पोष॑म्। ए॒व। दि॒वेऽदि॑वे।

इन्ही नियमों के अनुसार कुछ संहिता पाठ को पद पाठ में तथा पदपाठ को संहितापाठ में बदलकर अभ्यास कर लेना चाहिये।

स्वरित का दो भेद है। जो स्वरित उदात्त के बाद अनायास आ जाता है उसे अनित्य कहते हैं। भव॑ति का स्वरित ऐसा ही है। जो स्वरित उदात्त और

अनुदात्त के योग से बनता है उसे नित्य कहते हैं-क्वं (कुअ)। जब नित्य स्वरित के बाद उदात्त आता है तो ह्रस्व स्वर के बाद एक और दीर्घ स्वर के बाद तीन लिख कर उस पर अनुदात्त और स्वरित दोनों चिह्न देते हैं-अ॒प्सु-अ॒न्तः = अ॒प्स्वा॑1 न्तः, रा॒यो॒+वनिः॑ = रा॒यो3॒॑वनिः।

मैत्रीयणी और काठक संहिता में उदात्त को स्वरित से चिह्नित करते हैं-अग्नि॑ना = अ॒ग्निना॑।

शतपथ ब्राह्मण में उदात्त को अनुदात्त से चिह्नित करते हैं-अग्नि॒ना = अ॒ग्निना॑।

सामवेद में उदात्त के लिये 1, स्वरित के लिये 2 तथा अनुदात्त के लिये 3 लिखते हैं-अ3ग्नि1ना2 =अ॒ग्निना॑। यदि स्वरित नहीं है तो उदात्त के लिये ही 2 लिख देते हैं-गि3रा2।

चतुर्दश अध्याय

वैदिक छन्द

106. वैदिक छन्द

प्राक्संस्कृत की पहली सीढ़ी पर कुछ वाक्य तीन अक्षर वाले हैं, कुछ छह और कुछ नौ अक्षर वाले। फिर कुछ चार, आठ और बारह अक्षर वाले हैं। नौ अक्षर वाले तो गायत्री छन्द ही हैं, तीन और छह अक्षर वाले एक और दो पाद हैं। तनष वाक्य गायत्री का एक पाद है। र ण षु प क ष बु ष चि - यह एक सम्पूर्ण गायत्री छन्द है।

वेद के गायत्री छन्द के प्रत्येक पाद में आठ अक्षर होते हैं, लेकिन भाव तीन ही होते हैं जो तीन शब्दों से व्यक्त होते हैं। आठ अक्षर पूरे करने के लिये कोई निपात आ जाता है। जैसे-अग्निमीडे पुरोहितम् यज्ञस्य देव मृत्विजम्। होतारं रत्नधातमम् - में नौ भाव हैं।

अतः ऋग्वेद का स्वरूप प्राक्संस्कृत की पहली सीढ़ी पर ही दिखायी दे देता है। ऋग्वेद के समय तक अनेकाक्षर शब्द पैदा हो गये थे और तीन भावों को आठ अक्षरों में अँटाना चाहते थे। इसलिये कभी एक अक्षर बढ़ जाता था, कभी एक अक्षर घट जाता था।

ऋग्वेद का सबसे पहला और प्रधान छन्द गायत्री ही है। तीन भाव चूंकि आठ अक्षरों में अँट जाते थे, इसलिये तीन पादों में आठ-आठ अक्षरों का होना गायत्री छन्द की पहचान हो गयी।

शुरु में तो लघु-गुरु अक्षरों के चार जोड़े ही एक पाद बनाते थे, जिसे संस्कृत छन्द में प्रमाणिका कहते हैं। पर बाद में यह क्रम बदलने लगा। प्रथम और अन्तिम अक्षर पर गुरु या लघु कुछ भी हो सकते थे और पाद का अन्तिम भाग प्रायः लघु-गुरु क्रम में होता था।

अग्निमीडे पुरोहितम्

आठ अक्षरों के तीन पादों से गायत्री छन्द बनता है और उन्हीं के चार पादों से अनुष्टुभ् छन्द बनता है। अक्षरों के क्रम का भी प्रायः वही नियम है।

आयस्ते सर्पिरासुते
अग्ने शमस्ति धायसे।
ऐषु द्युम्नमुत श्रव
आ चित्तं मर्त्येषु धाः।।

ऋग्वेद के अन्त तथा अथर्ववेद से प्रथम-द्वितीय तथा तृतीय-चतुर्थ पादों को मिलाकर पढ़ने लगे और पाद का विचार छोड़ दिया। तब प्रथम-तृतीय तथा द्वितीय चतुर्थ का स्वरूप एक जैसा हो गया। सभी पादों में प्रथम चार अक्षरों का कोई विचार नहीं। लेकिन प्रथम तृतीय में पाँचवाँ लघु और द्वितीय चतुर्थ में पाँचवाँ और सातवाँ लघु रहने लगा। यही संस्कृत में श्लोक कहलाया।

ऋग्वेद में ग्यारह अक्षर वाले छन्द को त्रिष्टुभ् तथा बारह अक्षर वाले छन्द को जगती कहते हैं। प्रत्येक छन्द में चार पाद होते हैं।

त्रिष्टुभ् पाद का दसवाँ और ग्यारहवाँ अक्षर गुरु होता है, लेकिन जगती का ग्यारहवाँ अक्षर लघु तथा बारहवाँ गुरु होता है।

त्रिष्टुभ् और जगती छन्द की विशेषता है कि प्रत्येक पाद के पाँचवे या छठे अक्षर पर विराम होता है।

त्रिष्टुभ् का ही एक भेद इन्द्रवज्रा और जगती का एक भेद वंशस्थ संस्कृत का बहु प्रचलित छन्द है। पर लौकिक काव्यों में किसी ने विराम की बात नही कही है। इसका कारण यह प्रतीत होता है कि शब्दों के अन्त के विचार से विराम कभी पाँचवें अक्षर पर होता है और कभी छठे अक्षर पर, और कभी तो चौथे पर ही। इसीलिये उन्होंने विराम का जिक्र नही किया।

उपनिषदों में त्रिष्टुभ या जगती के एक विराम पर पहुँचते ही कभी-कभी एक दूसरा विराम शुरु कर देते हैं और पाद उतने अक्षरों से आगे बढ़ जाता है। इसी से लौकिक संस्कृत में बड़े-बड़े छन्दों का सूत्रपात हो गया।

वैदिक काल और अर्थ

Present indicative	लट्
Imperative	लोट्
Optative	लिङ्
Subjunctive	लेट्
Injunctive	आगम रहित लङ् (आज्ञार्थक)
Imperfect (=past)	लङ्
Perfect indicative	लिट्
Imperative	लिट्+लोट्
Optative	लिट्+लिङ्
Subjunctive	लिट्+लेट्
Injunctive	आगम रहित लिट्+लङ्
Pluperfect	लिट्+लङ्
Aorist indicative	लुङ्
Imperative	लुङ्+लोट्
Optative	लुङ्+लिङ्
subjunctive	लुङ्+लेट्
Injunctive	आगम रहित लुङ्
Precative	आशीर्लिङ्
Future (indicative)	लृट्
Periphrastic future	लुट्
Perfect	धातु+आम्+लिट्